MULLER
RELIEUR - NANCY
1998

BIBLIOTHÈQUE
HISTORIQUE,
À L'USAGE DES JEUNES GENS,
ou
Précis des Histoires générales et particulières de tous les peuples anciens et modernes, extrait de différens auteurs, et traduit de diverses langues.

Par M. BRETON,

Trad. de la Bibliothèque g. de Campe.

IV.e ANNÉE. — 2.e LIVRAISON.

HISTOIRE
de la Décadence de l'Empire Romain,
Par GIBBON.

TOME IV.

PARIS,
Chez F. Suisse, libraire, rue des Fossés-Montmartre, n.º

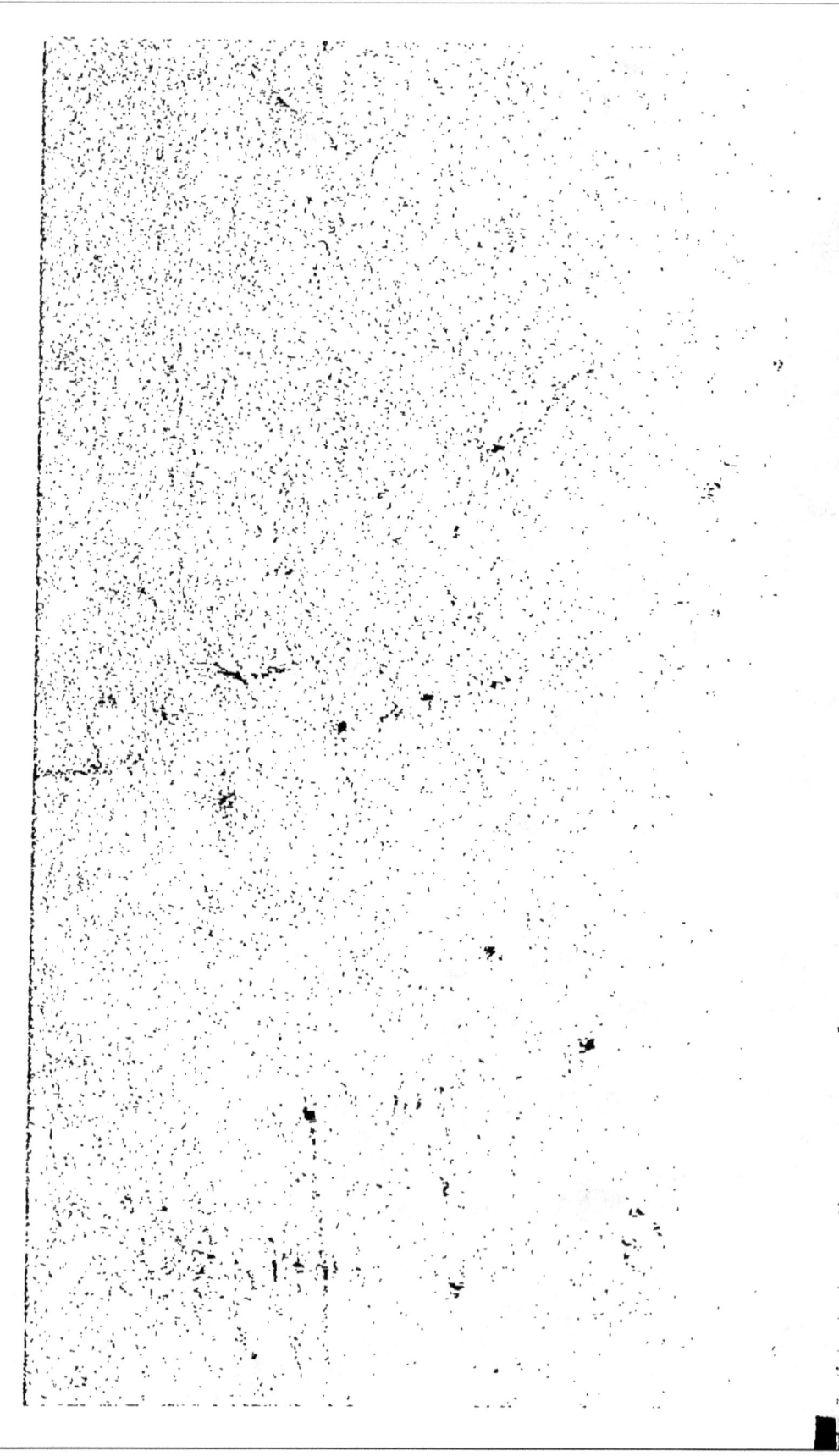

BIBLIOTHÈQUE

HISTORIQUE,

A L'USAGE DES JEUNES GENS.

G

DE L'IMPRIMERIE DE SMITH.

Biblioth. hist. vol. XL.

JULIANUS IMP.

BIBLIOTHÉQUE HISTORIQUE,

A L'USAGE DES JEUNES GENS,

OU

PRÉCIS DES HISTOIRES

GÉNÉRALES ET PARTICULIÈRES

DE TOUS LES PEUPLES ANCIENS ET MODERNES:

extrait de différens auteurs

et traduit de diverses langues;

Par M. BRETON,

Traducteur de la Bibliothéque géographique de Campe.

TOME XL.

~~~~~~~~~~~~~~~

Histoire de la décadence de l'Empire Romain,
par GIBBON, tome VIII.

~~~~~~~~~~~~~~~

PARIS;

F. SCHŒLL, rue des Fossés-Montmartre, n.° 14.

1815.

HISTOIRE

DE LA DÉCADENCE

DE L'EMPIRE ROMAIN,

Par GIBBON.

CHAPITRE XXI.

Persécution de l'hérésie. Schisme des Donatistes. Arianisme. Saint-Athanase. État malheureux de l'Église et de l'Empire sous Constantin et ses fils.

Les sectes qui différoient d'opinion avec l'église catholique, furent affligées et opprimées par le triomphe du christianisme. La conquête de l'Orient par Constantin fut immédiatement suivie d'un édit terrible contre les hérétiques[1]. Après un préambule conçu dans les termes les plus ménaçans, Constantin prohibe d'une manière absolue les assemblées des sectaires, et ordonne la confiscation de leurs possessions publiques, au profit soit de son trésor, soit de l'église catholique. Ces hérétiques paroissent avoir été les adhérens de Paul de Samosate, les Montanistes de Phrygie qui prétendoient que les dons prophétiques s'étoient perpétués parmi eux; les Novatiens qui refusoient toute absolution, excepté en cas de mort, aux apostats et aux grands pécheurs, quelque pénitence qu'ils eussent faites; les Marcionites et les Valentiniens, sous les bannières desquels les Gnostiques

[1] Eusèbe, in Const., L. III, c. 63, 64. 65, 66.

d'Asie et d'Égypte s'étoient insensiblement ralliés; et peut-être les Manichéens qui avoient récemment apporté de Perse un composé plus artificieux de théologie orientale et chrétienne. Le projet d'extirper le nom, ou tout au moins d'arrêter les progrès de ses sectaires odieux, fut poursuivi avec autant de vigueur que d'effet. Quelques-unes des dispositions pénales furent copiées des édits de Dioclétien, et cette méthode de conversion fut applaudie par les mêmes évêques qui avoient gémi sous la verge de l'oppression, et réclamé les droits de l'humanité. Au surplus, deux circonstances prouvent que Constantin ne s'abandonna pas entièrement à un zèle inconsidéré. Avant de condamner les Manichéens et leurs sectes, il résolut de faire faire un examen sévère de la nature de leurs principes religieux. Cette commission délicate fut confiée à un magistrat civil, dont il estimoit les lumières et la modération, mais dont le caractère vénal lui étoit sans doute inconnu [1]. D'un autre côté, il se repentit des rigueurs qu'il avoit exercées contre les Novatiens ; il leur permit de bâtir une église à Constantinople, respecta les miracles de leurs saints, invita leur évêque Acésius au concile de Nicée, et se contenta de tourner en ridicule les dogmes étroits de leur secte, par un jeu de mot qui, dans la bouche d'un souverain, dut être reçu avec applaudissement et gratitude [2].

---

[1] Amm., XV, 15. Strategius, à qui cette commission fit donner le surnom de *Musonianus*, étoit un chrétien arien.

[2] Sozomène, 1, t. 22. Socrates, 1, 10. L'empereur dit à l'évêque des Novatiens :

Les provinces d'Afrique étoient en proie à des discordes religieuses. La source de cette division venoit d'une double élection dans l'église de Carthage [1]. Cécilien et Majorinus étoient les deux rivaux comme primats de l'Afrique; le dernier étant mort fut remplacé par Donatus, lequel, par ses talens supérieurs et ses vertus apparentes, devint le plus ferme appui de son parti. L'autorité des évêques qui, au nombre de soixante-dix, rejetèrent Cécilien et consacrèrent Majorinus, est affoiblie par l'infamie personnelle de quelques-uns. On accuse ce concile de Numidie de s'être laissé corrompre par des intrigues de

« Acésius, prenez une échelle, et montez au ciel tout seul. »

[1] Optatus Milevitanus, Tillem., VI, part. 2.

femmes et des marchés sacriléges[1]. Les évêques des factions opposées demandoient avec la même opiniâtreté que leurs adversaires fussent dégradés, ou au moins notés d'infamie, pour n'avoir pas craint de livrer l'Écriture-Sainte aux officiers de Dioclétien : ainsi, la dernière persécution avoit aigri le zèle, sans réformer les mœurs des chrétiens d'Afrique. L'affaire de Cécilien fut examinée à cinq différentes reprises : toutes les décisions et l'arrêt suprême de Constantin lui-même furent favorables à la cause de Cécilien ; mais les Donatistes persécutés prétendirent que l'empereur s'étoit laissé abuser par les artifices d'Osius, son favori.

---

[1] Acta Concil. Cirtensis, ad calc. Optat., p. 274. Optat., L. I, c. 19.

Cet incident donna naissance à un schisme mémorable[1], qui affligea les provinces d'Afrique pendant trois cents ans, et ne s'y éteignit qu'avec le christianisme lui-même. Les nouveaux sectaires prétendirent que la succession apostolique étoit interrompue, que tous les évêques d'Europe et d'Asie s'étoient laissés infecter par le schisme, que les prérogatives de l'église catholique étoient désormais bornées à la partie choisie des fidèles d'Afrique, qui seuls avoient conservé l'intégrité de leur foi et de la discipline. Toutes les fois qu'ils recevoient un nouveau prosélyte, ils répétoient sur lui les rites sacrés du baptême et de l'ordination, regardant comme nuls les sacremens qu'il avoit reçus des prétendus schisma-

[1] L'an 515.

tiques. Les évêques, les vierges, et même les enfans sans tache, étoient soumis à la honte d'une pénitence publique avant de pouvoir être admis à la communion des Donatistes. S'ils obtenoient la possession d'une église qui eût précédemment appartenu aux catholiques, ils la purifioient avec le même soin que si c'eût été un temple d'idoles. Ils lavoient le pavé, grattoient les murailles, brûloient l'autel qui étoit ordinairement de bois, faisoient fondre les vases sacrés, et jetoient l'hostie sainte aux chiens, avec toutes les circonstances d'ignominie que puisse suggérer l'animosité des factions religieuses.[1] Proscrits par les puissances civiles et ecclésiastiques de l'empire, les Donatistes restèrent en nombre supérieur dans

[1] Optatus, L. VI, p. 91—100.

quelques provinces, notamment dans la Numidie; quatre cents évêques reconnoissoient la jurisdiction de leur primat. Mais cette secte indomptable portoit dans ses entrailles même des principes de destruction; elle étoit déchirée par des dissensions intestines. Un quart des évêques Donatistes se déclara indépendant sous l'étendard des Maximianistes. La secte peu nombreuse des Rogatiens osoit affirmer que, lorsque le Christ descendroit pour juger la terre, il ne trouveroit sa vraie religion conservée que dans quelques villages inconnus de la Mauritanie Césarienne[1].

Le schisme des Antitrinitaires fit de plus grands progrès, et pénétra dans toutes les parties du monde chrétien. Depuis le règne de Constantin jusqu'à

[1] Tillem., Mém., VI, part. I, p. 253.

celui de Clovis et de Théodoric, les intérêts temporels des Romains et des Barbares se trouvèrent fortement mêlés aux disputes théologiques de l'Arianisme. Qu'il soit donc permis à l'historien de lever avec respect le voile du sanctuaire, et de montrer les progrès de la raison et de la foi, de l'erreur et des passions, depuis l'école de Platon jusqu'à la chute de l'empire.

Le génie de Platon, instruit par ses propres méditations, ou par les traditions que lui avoient communiquées les prêtres égyptiens, avoit

[1] Cicero, de finibus, V. 25. Les Égyptiens pouvoient conserver encore par tradition la croyance des patriarches. Josèphe a fait croire à plusieurs pères de l'église que Platon avoit tiré des Juifs une partie de ses connoissances, mais une telle opinion ne s'accorde guère avec les mœurs inso-

essayé d'approfondir la nature mystérieuse de la Divinité. Les innombrables difficultés qui s'offroient à son esprit, le portèrent à considérer la nature divine sous une triple modification; savoir, la première cause, la raison ou le *verbe* (*logos*), et l'ame ou l'esprit de l'univers. Son imagination poétique se plaisoit quelquefois à animer ces abstractions métaphysiques. Les trois principes *archiques* ou originels étoient, dans son système, représentés comme trois Dieux, réunis par une génération mystérieuse et ineffable; le verbe ou *logos* étoit particulièrement considéré sous le caractère plus accessible de fils d'un père éternel, de créateur ou gou-

ciables des Juifs. *Voy.* Marsham, Canon. chron., p. 144. Leclerc, Epist. crit., VII, p. 177—194.

verneur du monde. Telle étoit la doctrine que, selon les nouveaux Platonistes, il n'étoit possible de concevoir parfaitement qu'après une étude assidue de trente années.

Le système de Platon fut enseigné, mais d'une manière corrompue, dans l'école fameuse d'Alexandrie. Une nombreuse colonie de juifs avoit été attirée par les Ptolémées dans leur nouvelle capitale[2]. Quelques Hébreux se livrèrent à des contemplations philosophiques et religieuses[3]; ils embrassèrent avec

---

[1] Cudworth (Intellectual system., p. 526—620). Basnage, Hist. des Juifs, L. IV, c. 4, p. 53—86. Leclerc, Epist. crit., VII, p. 194—209. Brucker, Hist. phil., I, p. 675—706.

[2] Josèphe, Antiq., L. XII, c. 1, 3. Basnage, Hist. des Juifs, VII, 7.

[3] Eusèbe, Præpar. évang., VIII, 9, 10.

ardeur le système du sage Athénien. Cent ans avant la naissance du Christ, les juifs d'Alexandrie mirent au jour un traité qui trahit évidemment le style et les sentimens de Platon; il fut unanimement reçu comme un monument précieux et authentique de la sagesse inspirée de Salomon [1]. Cette

---

Suivant Philon, les Thérapeutes étudioient la philosophie. Brucker (Hist. phil., II, 787) a prouvé qu'ils donnoient la préférence à celle de Platon.

[1] *Voyez* Calmet, Dissert. sur la Bible, II, p. 277. Le livre de la Sagesse de Salomon est regardé par un grand nombre des pères comme l'œuvre de ce monarque; quoique les protestans le rejettent et qu'il ait été originairement rédigé en grec, il a obtenu, avec le reste de la vulgate, la sanction du concile de Trente. (On peut voir les différentes hypothèses qu'on a mises en avant sur l'auteur de cet ou-

même union de la doctrine de Moïse et de la philosophie des Grecs se fait remarquer dans les écrits de Philon, qui furent composés la plupart sous le règne d'Auguste. L'idée d'une ame matérielle de l'univers pouvoit offenser la piété des Hébreux; mais ils appliquoient le caractere du Verbe au Jéhovah de Moïse et des patriarches. Le Fils de Dieu étoit introduit sur la terre sous une apparence visible et même humaine, pour remplir des fonctions familières qui semblent incompatibles avec la nature et les attributs de la cause universelle [1].

vrage, dans l'*Histoire abrégée de la littérature grecque*, par *F. Schœll* (Paris, 1813), Vol. II, p. 11 et suiv.)

(*Note de l'éditeur.*)

[1] Petav. Dogmat. Theol., tom. II, L. VIII, c. 2. Bull, d. fens. fid. nicen., §. 1, c. 1, p. 8, 15. Cette notion du Fils

L'éloquence de Platon, le nom de Salomon, l'autorité de l'école d'Alexandrie et l'assentiment des juifs et des Grecs ne suffirent point pour établir la vérité d'une doctrine aussi mystérieuse. Un prophète ou un apôtre, inspiré par la Divinité, pouvoit seul exercer sur la foi des hommes une domination légitime. Le nom et les attributs du Verbe ont été confirmés par le dernier et le plus sublime des évangélistes [1]. La révélation chré-

de Dieu fut employée par les Théologiens jusqu'au moment où les Ariens en eurent abusé. Tertullien (adv. Praxeam, c. 1, 6) contient à ce sujet un passage fort remarquable.

[1]. Les Platoniciens admiroient le commencement de l'évangile de Saint-Jean, comme renfermant un extrait exact de leurs principes. Saint-Augustin, de civ. Dei, X, 29. Amelius, apud Cyril. adv.

tienne, qui fut consommée sous le règne de Nerva, découvrit à l'univers cet étonnant secret que le *Verbe*, qui étoit Dieu dès le commencement, ce même Dieu qui avoit fait toutes choses, s'étoit incarné dans la personne de Jésus de Nazareth, qui étoit né d'une Vierge, et avoit souffert la mort sur la croix. Outre le projet général de fixer sur une base perpétuelle les honneurs divins du Christ, les plus anciens et les plus respectables des écrivains ecclésiastiques ont attribué au théologien évangéliste une intention particulière, celle de confondre deux hérésies opposées qui

Julian., L. VIII, p. 285. Il est vrai que, dans le troisième et le quatrième siècle, les Platoniciens d'Alexandrie ont pu perfectionner leurs idées de la Trinité par l'étude de la théologie chrétienne.

troubloient la paix de l'église primitive [1].

1.° La doctrine des Ébionites et peut-être aussi des Nazaréens étoit grossière et imparfaite. Ils révéroient Jésus comme le plus grand des prophètes, doué d'une vertu et d'une puissance surnaturelles. Ils appliquoient à sa personne et à son règne à venir, toutes les prophéties des Hébreux touchant le règne spirituel et éternel du Messie. Ils rejetoient l'existence antérieure et les perfections divines du Verbe ou Fils de Dieu, qui sont si clairement définies dans l'Évangile de Saint-Jean. Cette secte ne s'est guère perpétuée au-delà du milieu du deuxième siècle.

[1] Beausobre, Hist. du manichéisme, I, p. 377. On croit que l'Évangile de Saint-Jean fut publié soixante-dix ans après la mort du Christ.

2.° Les *Gnostiques*, distingués par l'épithète de *Docétès*, se jetoient dans un extrême opposé. Elevés à l'école de Platon, accoutumés à l'idée sublime du *Verbe*, ils accordoient volontiers que l'*Æon*, cette émanation brillante de la Divinité, avoit pu prendre les formes externes et les apparences visibles d'un mortel; mais ils prétendoient que les imperfections de la matière sont incompatibles avec la pureté d'une substance céleste. Tandis que le sang du Christ fumoit encore sur le Calvaire, ils alléguoient qu'il n'étoit point né d'une Vierge, et qu'il étoit descendu près du Jourdain, sous les traits d'un homme déjà parvenu à la virilité; ils disoient que les sens des ennemis du Christ et de ses disciples avoient été abusés, que les ministres de Pilate n'avoient fait qu'exercer leur rage impuissante sur un fantôme aérien qui avoit paru expirer sur la croix et ressusciter trois jours après [1].

La sanction divine qu'un apôtre avoit donnée au principe fondamental de la théologie de Platon, encouragea les savans prosélytes du second et du troisième siècle à admirer et étudier les écrits du sage d'Athènes, qui, par une merveilleuse anticipation, avoit publié un des dogmes les plus surprenans de la révélation chrétienne. Le nom respectable de Platon fut cité par les orthodoxes, et les hérétiques en abusèrent [2]. Les mêmes subtilités, les mêmes questions profondes, tou-

---

[1] On appela cette secte *Docétès*, parce qu'ils supposoient au Christ seulement un corps apparent; de δόκησις, supposition, fantaisie.

[2] *Voyez* Tertullien, Petavius, Beausobre, Brucker et Mosheim.

chant la nature, la génération, la distinction et l'égalité des trois personnes divines de la *Triade* mystérieuse ou *Trinité*, s'agitèrent à la fois dans les écoles philosophiques et chrétiennes d'Alexandrie [1]. Un esprit ardent de curiosité les engagea à sonder les profondeurs de l'abîme ; l'orgueil des professeurs et de leurs disciples se contenta de la vaine science des mots. Au reste, la doctrine de l'église catholique différoit en deux points essentiels de l'opinion de l'école de Platon : la dévotion des individus qui croyoient sans examen, et l'au-

[1] Si Théophile, évêque d'Antioche (*voyez* Dupin, Biblioth. eccl., I, 66), est le premier qui ait employé le mot *Triade* ou *Trinité*; ce terme abstrait, déjà familier aux écoles de philosophie, se seroit introduit dans la théologie des chrétiens, vers le milieu du second siècle.

torité de l'église dont les décisions ne pouvoient être mises en doute. Le jugement des particuliers étoit soumis à la sagesse des synodes; l'autorité d'un théologien étoit déterminée par son rang ecclésiastique; et les évêques, successeurs des apôtres, infligeoient les censures de l'église à quiconque s'écartoit de la foi orthodoxe.

Après que l'édit de tolérance eut rendu la paix aux chrétiens, les controverses sur la Trinité se ranimèrent dans la ville éclairée, opulente et tumultueuse d'Alexandrie : les flammes de la discorde se communiquèrent rapidement des écoles au clergé, au peuple, à la province et à tout l'Orient. La question abstruse de l'éternité du *Verbe* fut agitée dans les conférences ecclésiastiques et les sermons; les opinions hétérodoxes d'Arius[1] devinrent bientôt publiques par son fanatisme et celui de ses adversaires. Ses ennemis les plus implacables ont rendu justice à l'instruction et à la pureté de la vie de ce prêtre, qui, dans une ancienne élection, avoit déclaré et peut-être généreusement rétracté ses prétentions au trône épiscopal[2]. Son compétiteur Alexandre osa être son juge; après avoir paru hésiter, il prononça enfin sa sentence, comme une règle absolue de foi[3]. Arius fut séparé de la commu-

---

[1] La personne et les mœurs d'Arius, le caractère et le nombre de ses premiers prosélytes ont été peints avec beaucoup de passion par Épiphane (tom. I. Hæres., LXIX, 3, p. 729).

[2] Philostorgius, I, 3.

[3] Sozomène, I, 15. Socrates, I, 5.

nion de l'église; mais sa vanité dut être satisfaite par le grand nombre de ses partisans. Il comptoit parmi eux deux évêques d'Égypte, sept prêtres, douze diacres et (ce qui paroît presque incroyable) sept cents vierges. La forte majorité des évêques d'Asie paroissoit attachée à sa cause ; ils étoient dirigés par Eusèbe de Césarée, le plus savant des prélats chrétiens, et par Eusèbe de Nicomédie, qui avoit acquis la réputation d'homme d'état, sans perdre celle de saint. Les synodes de la Palestine et de la Bithynie étoient opposés aux synodes d'Égypte. L'attention du prince et des peuples fut attirée par cette dispute théologique; et, au bout de six ans[1], la décision fut référée à

Jortin, remarques sur l'hist. eccl., II, p. 178.

[1] De l'an 318 à l'an 325.

l'autorité suprême du concile général de Nicée.

On s'étoit alors formé trois systèmes distincts, mais imparfaits, sur la nature de la Trinité divine; il fut décidé qu'aucun de ces systèmes, dans un sens pur et absolu, n'étoit exempt ni d'hérésie, ni d'erreur [1].

Suivant la première hypothèse que soutenoient Arius et ses disciples, le Verbe étoit une production dépendante et spontanée, créée par la seule volonté du Père. Le Fils, par qui toutes choses avoient été faites, étoit engendré avant tous les mondes, et la plus longue des périodes astronomiques n'étoit qu'un instant fugitif, comparée à son existence; cependant sa durée n'étoit pas infinie, et un temps avoit précédé l'ineffable géné-

---

[1] Saint-Jérôme, adv. Luciferianos.

ration du Verbe. Le Tout-Puissant avoit transmis à ce fils unique son esprit immense, et lui avoit communiqué toute sa gloire. Image visible de l'invisible perfection, il contemploit, à une distance incommensurable sous ses pieds, les trônes des plus éclatans archanges; cependant il ne brilloit que d'une lumière réfléchie; et, semblable aux fils des empereurs romains, investis des titres de Césars et d'Augustes, il gouvernoit l'univers sous le bon plaisir de son père et de son souverain.

Dans la seconde hypothèse, le *Trithéisme*, le Verbe, possédoit toutes les perfections inhérentes, incommunicables, que la religion et la philosophie assignent au Dieu suprême. Trois ames ou substances distinctes et infinies, toutes trois absolument égales et coéternelles, composoient l'essence divine[1]; et il eût été impossible, sans impliquer contradiction, que l'une d'elles n'eût pas existé, ou qu'elle cessât jamais d'exister. Les défenseurs d'un système qui sembloit reconnoître trois divinités indépendantes, maintenoient l'unité de la première cause, si évidente dans le dessein et l'ordre de l'univers, par la concorde perpétuelle de l'administration de ces trois principes, et le concours essentiel de leur volonté.

Selon la troisième hypothèse, le Sabellianisme, trois êtres, par la nécessité intime et originaire de leur existence, possèdent tous les attributs divins au degré le plus par-

---

[1] Cudworth, Hist. intellect., p. 559, 579, 603. Le Clerc, Bib. univ., XVIII, p. 97—105.

fait; éternels en durée, infinis en espace, intimement présens l'un à l'autre et à tout l'univers, ils se présentent avec une force irrésistible, à l'esprit étonné, comme un seul et même être qui, dans l'économie de la grâce et dans celle de la nature, se manifeste sous différentes formes, et peut se considérer sous divers aspects. D'après ce système, la Trinité réelle et substantielle se trouve réduite à une trinité de noms et à des modifications abstraites, lesquelles subsistent seulement dans l'esprit qui les conçoit. Le *Verbe* n'est plus une personne, mais un attribut; c'est seulement dans le sens figuré que l'épithète de Fils peut s'appliquer à l'éternelle raison qui étoit Dieu dès le commencement, et par laquelle toutes choses ont été faites. L'incarnation du *Verbe* se réduit à une pure inspiration de la sagesse divine qui remplissoit l'ame, et dirigeoit toutes les actions de Jésus-Homme. C'est ainsi qu'après avoir parcouru ce cercle, nous sommes étonnés de voir que les Sabelliens finissent où les Ebionites commencent, et que le mystère incompréhensible qui excite notre admiration, échappe à toutes nos recherches [1].

Les Ariens, sentant le danger de leur position, et craignant la décision du concile de Nicée, se bornèrent à recommander l'exercice des vertus chrétiennes, et renoncèrent à toute controverse [2]. Cependant on lut en plein concile, et l'on y déchira avec mépris une lettre, dans laquelle le

[1] *Voyez* les invectives de Tertullien contre Praxeas. Mosheim, p. 423, 681. Beausobre, tom. 1, L. III, c. 6, p. 555.
[2] L'an 325.

protecteur des Ariens, Eusèbe de Nicomédie, confessoit ingénuement que l'admission du mot *homoousion*, c'est-à-dire *consubstantiel*, terme déjà familier aux Platonistes, étoit incompatible avec leurs principes de théologie. Cette occasion favorable fut saisie avec empressement par les évêques qui gouvernoient les résolutions du synode ; et, selon l'énergique expression de St.-Ambroise [1], ils saisirent le glaive que l'hérésie elle-même tiroit du fourreau, pour trancher la tête à ce monstre odieux. La consubstantialité du Père et du Fils fut admise dans le concile de Nicée, et reçue unanimement comme un article fondamental de la foi chrétienne ; elle est encore reconnue telle par les Grecs, les Latins,

[1] De fide, L. III, chap. dernier.

les Orientaux et les communions protestantes.

Cependant la majorité du concile se divisoit en deux partis, distingués par une tendance contraire aux sentimens des Trithéistes et des Sabelliens. L'intérêt de la cause commune les força d'unir leurs forces et de dissimuler leur dissidence; leurs disputes furent suspendues par l'admission du mystérieux *homoousion* que chaque parti se réserva le droit d'interpréter à sa guise. Le sens qu'y attachoient les Sabelliens, et qui, cinquante ans auparavant, avoit engagé le concile d'Antioche[1] à prohiber cette locution célèbre, l'avoient rendu chère aux théologiens qui conservoient une prédilection secrète pour

---

[1] Bull, defens. fid. Nic., sect. II, c. 1, p. 25—35.

la Trinité purement nominale. Mais les théologiens les plus illustres de ce temps, l'intrépide Athanase, le savant Grégoire de Nazianze, et les autres colonnes de l'église, qui soutenoient la doctrine du concile de Nicée, paroissoient considérer le mot *substance* comme synonyme de nature ; ils alloient jusqu'à affirmer que trois hommes, en tant qu'ils appartiennent à l'espèce humaine, sont consubstantiels ou *homoousioi* les uns aux autres [1].

Sans entrer dans de plus longs détails sur les dogmes des Ariens, nous dirons qu'ils se divisoient eux-mêmes en dix-huit sectes.

Les provinces d'Égypte et d'Asie,

---

[1] Selon Aristote, les astres sont *homoousioi* ou *consubstantiels*. *Voyez* Jortin, II, p. 212.

qui cultivoient la langue et les mœurs des Grecs, étoient infectées du venin de l'hérésie d'Arius; les habitans de l'Occident étoient d'un esprit moins spéculatif; leurs passions étoient moins susceptibles de s'enflammer pour des objets invisibles; leurs esprits étoient moins exercés à la dispute. Telle étoit l'ignorance de l'église gauloise, que Saint-Hilaire, évêque de Poitiers, trente ans après le premier concile général, ne connoissoit pas encore la doctrine sanctionnée à Nicée [1]. Les Latins avoient reçu les rayons de la connoissance divine par la voie obscure et douteuse d'une traduction. La pauvreté de leur langue maternelle ne fournissoit pas toujours de justes équivalens pour les termes grecs [2]. Heureusement les

---

[1] Hilarius. de Synod., c. XCI, p. 1205.
[2] Sénèque (Epist., LVIII) se plaint de

provinces d'Occident avoient tiré leur religion d'une source orthodoxe ; elles conservèrent avec fermeté la doctrine qu'elles avoient adoptée avec docilité. Leurs sentimens et leurs dispositions se manifestèrent dans le mémorable synode de Rimini, qui surpassa, par le nombre de ses membres, celui de Nicée, puisque quatre cents évêques d'Italie, d'Afrique, d'Espagne, de la Gaule, de la Grande-Bretagne et de l'Illyrie, y concoururent [1]. Dans les premiers

---

ce que le terme τὸ ὂν de Platon ne peut s'exprimer par un nom latin ; on l'a rendu depuis dans les écoles par *ens* ou *essence*. La préférence que le quatrième concile de Latran donna enfin à l'unité *générique* (Petavius, t. II, L. IV, c. 13, p. 424), étoit favorisée par l'idome latin. Le mot grec τρίας semble impliquer l'analogie de substance, et *trinitas* celle de qualité.

[2] L'an 360.

débats, quatre-vingts prélats seulement soutinrent la doctrine d'Arius, tout en jetant l'anathème sur son nom et sa mémoire ; mais l'infériorité du nombre étoit suppléée par les talens, l'expérience et la discipline. Cette minorité étoit conduite par Valens et Ursacius, deux évêques d'Illyrie, qui avoient passé leur vie dans les intrigues des cours et des conseils, et guerroyé sous les bannières d'Eusèbe dans les disputes religieuses en Orient. Ils embarrassèrent et confondirent enfin les évêques latins, qui se laissèrent arracher des mains, par fraude et par importunité encore plus que par violence, l'étendard de la foi. Avant la séparation du concile, ses membres eurent l'imprudence de souscrire un symbole, conçu en termes captieux, où quelques expressions, susceptibles d'un sens hérétique, remplacèrent le mot *homoousion*. Ce fut en cette occasion que, selon St.-Jérôme, l'univers fut surpris de se trouver arien [1]. Mais les évêques des provinces latines ne furent pas plus tôt retournés dans leurs provinces, qu'ils découvrirent la méprise et se repentirent de leur foiblesse [2].

Telles furent la naissance, les progrès et les révolutions naturelles des débats théologiques qui troublèrent la paix de l'église sous le règne de Constantin et de ses fils. Le premier vit d'abord ces discussions d'un œil indifférent. Son épître aux chefs des deux partis, Alexandre et Arius, est plutôt l'œuvre d'un soldat ou d'un

[1] Adv. Lucifer., I, p. 145.
[2] Sulpice-Sévère, Hist. sacra, II, p. 419—430.

homme d'état, qu'elle ne paroît écrite sous l'influence des prélats de sa cour [1]. Il attribue l'origine de la controverse à une question subtile et insignifiante sur un point incompréhensible de la foi chrétienne, question follement proposée par l'évêque, et imprudemment résolue par un membre de son clergé. Il regrette que les chrétiens, adorant le même Dieu, se laissent diviser par d'aussi misérables distinctions, et il recommande au clergé d'Alexandrie l'exemple de tolérance que lui donnoient les philosophes grecs. Cependant les prélats parvinrent bientôt à exciter le zèle du monarque. On avoit insulté ses statues; l'hérésie faisoit des progrès alarmans; il se laissa engager à convoquer un concile; il

[1] Eusèbe, in Const., II, c. 64—72.

n'y eut plus d'espoir de rétablir la paix, du moment où trois cents évêques furent réunis dans une même enceinte.

La décision du concile de Nicée fut ratifiée par Constantin. Il déclara que ceux qui résisteroient devoient se préparer à l'exil. Cette menace réduisit le nombre des évêques dissidens; ils étoient d'abord dix-sept; deux seulement protestèrent. Eusèbe de Césarée donna, malgré lui, et en termes ambigus, son adhésion à l'homoousion; les fluctuations d'Eusèbe de Nicomédie ne firent que retarder de trois mois sa disgrâce et son exil [1]. Arius fut banni dans une des provinces de l'Illyrie; sa

---

[1] Socrates, I, 8. Theodoret, I, c. 12. Leclerc, ars critica, III, p. 30—69. Athanase, I, p. 727. Philostorgius, I, c. 10, et Comm. de Godefroy, p. 41.

personne et ses disciples furent notés du nom odieux de Porphyriens ; ses écrits furent condamnés aux flammes, et la peine capitale fut prononcée contre ceux en la possession de qui on les trouveroit [1].

Trois ans s'étoient à peine écoulés, lorsque Constantin montra quelque pitié, même de l'indulgence pour la secte proscrite que favorisoit en secret sa sœur bien-aimée. Les exilés furent rappelés, Eusèbe remonta sur le siége épiscopal. Arius lui-même fut traité à la cour avec respect. Sa doctrine fut approuvée par le synode de Jérusalem, et l'empereur ordonna qu'il fût solennellement admis à la communion dans l'église cathédrale

[1] Socrates, I, 9. Dans les circulaires que Constantin adressa aux différentes villes, ce prince employa les armes du ridicule et de la raillerie.

de Constantinople. Arius expira le jour même de son triomphe, et les étranges circonstances de sa mort[1] ont fait soupçonner que ses ennemis pouvoient en avoir hâté le moment. Les trois principaux chefs des catholiques, Athanase d'Alexandrie, Eustache d'Antioche et Paul de Constantinople, furent déposés par des conciles sur diverses accusations, et ensuite exilés par le premier des empereurs chrétiens qui, dans les derniers instans de sa vie, reçut, d'un évêque arien de Nicomédie, le sacrement du baptême. Le gouvernement de Constantin, dans les affaires ecclé-

---

[1] Athanase, I, p. 670. Il y est dit que ses entrailles se déchirèrent dans un moment où il satisfaisoit à un besoin naturel, et que tout son corps se vida. Cette circonstance peut également s'expliquer par le *poison*, ou par un *miracle*.

siastiques, ne sauroit être justifié du reproche de légèreté et de foiblesse. Ce monarque crédule, peu versé dans les stratagèmes des théologiens, put être facilement trompé par les protestations modestes et spécieuses des hérétiques. Tandis qu'il protégeoit Arius, et persécutoit Athanase, il n'en considéroit pas moins le concile de Nicée comme le boulevard de la foi chrétienne, et la gloire de son règne.

Les fils de Constantin furent admis, dès leur enfance, au rang des catéchumènes ; mais leur baptême fut également différé. Constance, héritier des provinces de l'Orient, et par suite possesseur de tout l'empire, fut imbu des erreurs de l'arianisme par sa femme et le prêtre arien qui s'étoit emparé du testament de son père. Les eunuques et les esclaves propagèrent dans le palais ce poison dangereux pour les ames [1]. Sa victoire contre Magnence devint favorable à l'hérésie. Tandis que les deux armées étoient en présence dans les plaines de Mursa, et que le sort de deux rivaux dépendoit des chances de la guerre, le fils de Constantin passa ces terribles momens dans une église consacrée à des martyrs Valens, évêque arien de ce diocèse, employa les précautions les plus adroites pour se procurer de promptes et sûres nouvelles. Des messagers, placés de distance en distance, l'informoient des vicissitudes de la bataille ; tandis que les courtisans trembloient autour de leur maître effrayé, Valens assu-

[1] Socrates, II, 2. Sozom., III, c. 18. Athanase, I, p. 813, 834. Jortin, Remarques sur l'hist. eccl., IV, p. 3.

roit que les légions gauloises plioient en ce moment; il insinuoit, avec une sorte de présence d'esprit, que cet événement glorieux lui avoit été révélé par le ciel. L'empereur, dans sa reconnoissance, attribua ses succès au mérite et à l'intercession de l'évêque de Mursa [1]. Les Ariens, considérant la victoire de Constance comme la leur propre, mirent sa gloire au-dessus de celle de son père. St.-Cyrille, évêque de Jérusalem [2], prétend que, le jour de la Pentecôte, vers la troisième heure, une croix céleste, entourée d'un brillant arc-en-ciel, parut sur la montagne des Oliviers aux regards des pieux pèlerins et de tout le peuple de la ville

[1] Sulp. Sév., Hist. sacra, II, p. 405.
[2] Baronius, Annal., année 355, n.° 26. Tillemont, Mém. eccl., VIII, p. 715.

sainte. On exagéra l'étendue du météore, et l'historien arien va jusqu'à affirmer qu'il apparut aux deux armées dans les plaines de la Pannonie, et que le tyran prit la fuite devant le signe propice des chrétiens [1].

Ammien-Marcellin reproche à Constance d'avoir encouragé et perpétué, par des disputes verbales, les différends que sa vaine curiosité avoit excités, au lieu de faire usage de son autorité pour réconcilier les partis. Les grands chemins se couvrirent d'évêques, se rendant de toutes parts à des synodes [2]. En effet, dès que l'empereur respira des terreurs de la guerre civile, il se livra, dans ses loisirs à Arles, Milan, Sirmium et Constantinople,

[1] Philostorgius, III, 26.
[2] Amm., XXI, 16.

aux plaisirs de la controverse religieuse. Le glaive du juge renforça quelquefois les argumens du théologien ; et comme Constance travailla contre l'esprit du concile de Nicée, les historiens ecclésiastiques ne balancent pas à déclarer que son incapacité et son ignorance n'étoient pas moindres que sa présomption [1]. Les eunuques, les femmes, et les évêques qui le gouvernoient, lui avoient inspiré une aversion insurmontable pour le terme *homoousion* ; mais sa conscience timide fut alarmée par l'impiété d'Aetius. Le crime de cet athée s'aggravoit à ses yeux par ses liaisons avec l'infortuné Gallus ; le massacre des envoyés à Antioche

[1] Athanase, I, p. 870. Socrates, II, c. 35—47. Sozome, IV, 12—30. Théodoret, II, 18—32. Philost., IV, c. 4—12; V, 1—4; VI, 1—5.

fut lui-même imputé aux suggestions de ce dangereux sophiste.

Constance embrassa et condamna tour à tour les sentimens des Ariens et des Semi-Ariens; il bannit et rappela successivement les chefs de ces sectes; le projet d'établir une doctrine uniforme, qui l'avoit engagé à convoquer des conciles dans la Gaule, l'Italie, l'Illyrie et l'Asie, fut déjoué à plusieurs reprises par sa légèreté, par les divisions des Ariens et la résistance des catholiques; il résolut enfin de frapper un coup décisif, de dicter impérieusement les résolutions d'un concile général. Le terrible tremblement de terre de Nicomédie, la difficulté de se procurer ailleurs un emplacement aussi commode, et peut-être des motifs secrets de politique, produisirent des changemens dans la désignation du lieu où le concile devoit s'assembler. Les évêques de l'Orient furent convoqués à Séleucie en Illyrie; ceux de l'Occident tinrent leurs délibérations à Rimini, sur la côte de l'Adriatique; au lieu de deux ou trois députés de chaque province, tous les prélats furent mandés. Le concile d'Orient, après avoir passé quatre jours dans des débats tumultueux et inutiles, se sépara sans avoir pris aucun parti. Le concile d'Occident dura sept mois. Taurus, préfet des Prétoriens, avoit ordre de ne point laisser partir les prélats avant qu'ils se fussent accordés d'opinion; il étoit autorisé à bannir quinze des plus opiniâtres, et le consulat lui étoit promis s'il menoit à fin une entreprise aussi délicate[1]. Ses prières

[1] L'an 360.

et ses menaces, l'autorité du souverain, les sophismes de Valens et d'Ursacius, l'horreur du froid et de la faim, et la crainte de l'exil, arrachèrent enfin le consentement des évêques de Rimini. Les députés de l'Orient et de l'Occident se rendirent au palais de l'empereur à Constantinople ; il eut la satisfaction d'imposer à l'univers une profession de foi qui établissoit la *ressemblance*, sans exprimer la *consubstantialité* du Fils de Dieu. Mais le triomphe de l'Arianisme avoit été précédé de l'expulsion du clergé orthodoxe qu'il fut impossible d'intimider ou de corrompre. Le règne de Constance fut déshonoré par l'injuste et vaine persécution du grand Athanase.

[1] Sulp. Sev., Hist. sacra, II, p. 418—430.

Le nom immortel d'Athanase ne sera jamais séparé de la doctrine catholique de la Trinité, à la défense de laquelle il consacra tous les momens, toutes les facultés de son être. Élevé dans la famille d'Alexandre, dont il étoit secrétaire, il combattit les premiers progrès de l'Arianisme; cinq mois après le concile de Nicée, il fut nommé patriarche de l'Égypte, et en exerça les fonctions pendant quarante-six ans. Cinq fois il fut expulsé de son siége; pendant vingt ans il mena une vie errante ou fugitive. Presque toutes les provinces de l'empire furent successivement témoins de son mérite et de ses souffrances. Son érudition étoit moins vaste et moins profonde que celle d'Eusèbe de Césarée, et sa grossière éloquence ne pourroit être mise en parallèle avec l'élégante élocution de St.-Grégoire et St.-Basile; mais son style étoit clair, entraînant et persuasif. On le supposa versé dans deux sciences profanes, moins appropriées au caractère d'un évêque, la jurisprudence et la divination[1]. Quelques conjectures des événemens à venir, justifiées par l'événement, et que l'on peut attribuer à l'expérience et au jugement d'Athanase, furent regardées par ses amis comme autant d'inspirations célestes, et par ses ennemis comme des effets de la magie.

Le patriarche d'Égypte étoit encore jeune, lorsqu'il résista au grand Constantin, qui lui signifia plusieurs fois l'ordre d'admettre Arius à la communion catholique. L'empereur res-

[1] Sulp. Sev., Hist. sacra, II, p. 396. Amm., XV, 7. Sozom., IV, 10.

pecta ou du moins pardonna cette résolution inflexible ; le parti qui regardoit Athanase comme son plus formidable ennemi, fut contraint à dissimuler sa haine, et se prépara en silence à une attaque indirecte. On répandit des bruits fâcheux, on représenta l'archevêque comme un tyran orgueilleux et oppresseur; on osa l'accuser d'avoir violé le traité qui avoit été ratifié, au concile de Nicée, avec les partisans schismatiques de Mélèce. Athanase avoit hautement désapprouvé cette paix honteuse ; l'empereur crut aisément qu'il avoit abusé de sa puissance pour tourmenter ces sectaires ; qu'il avoit poussé le sacrilége jusqu'à briser un calice dans une des églises de Maréotis; qu'il avoit fait frapper et emprisonner six évêques méléciens ; qu'Arsène, autre évêque du même parti, avoit été égorgé ou mutilé de sa main[1]. Cette accusation grave fut renvoyée par Constantin à son frère Dalmace, le censeur, qui résidoit à Antioche; les synodes de Césarée et de Tyr furent successivement assemblés; les évêques de l'Orient eurent la mission de juger Athanase avant de procéder à la consécration de la nouvelle église de la Résurrection à Jérusalem. Le primat eut la prudence de décliner la juridiction de ses ennemis, et méprisa les citations du synode de Césarée; mais enfin se soumit aux ordres de l'empereur qui lui enjoignit de comparoître au concile de Tyr[2]. Avant de partir d'Alexandrie,

[1] Sozomène, II, 25. Athanase qui parle avec tant de prolixité de l'aventure du calice et d'Arsène, ne dit pas un mot des six évêques.
[2] L'an 335.

à la tête de cinquante prélats, il se ménagea sagement l'alliance des Méléciens. Arsène, sa prétendue victime, et qui étoit secrètement son ami, se cacha parmi sa suite. Eusèbe présida le concile avec plus de passions et moins d'habileté qu'on n'auroit dû l'attendre de ses lumières et de son expérience. Les clameurs de sa faction furent encouragées par la patience et la tranquillité d'Athanase, qui attendit le moment décisif pour produire Arsène sain et sauf. Les autres charges n'étoient point de nature à être détruites par des argumens aussi victorieux; cependant Athanase prouva qu'il n'y avoit jamais eu ni église, ni autel, ni calice dans l'endroit où l'on prétendoit qu'il avoit brisé, d'une manière sacrilége, un vase sacré. Mais les Ariens, qui avoient juré sa perte, ne furent pas déconcertés ; ils prononcèrent contre le primat de l'Égypte une sentence de dégradation et d'exil [1].

Athanase cependant résolut d'essayer si le trône étoit inaccessible à la voix de la vérité ; avant que le jugement fût prononcé, il se jeta dans une barque prête à partir pour Constantinople. Caché dans cette ville, il attendit le moment où l'empereur revenoit à cheval de la campagne, et s'offrit tout-à-coup à ses yeux. Une apparition aussi étrange excita la surprise et l'indignation de Constantin ; les gardes eurent ordre de faire retirer l'importun solliciteur ; mais le ressentiment fit bientôt place, dans Constantin, à un respect in-

---

[1] Seconde apol. d'Athanase, tom. I, p. 763—808. Épîtres du même aux moines (p. 808—866).

volontaire ; son esprit hautain fut subjugué par le courage et l'éloquence d'un prélat qui imploroit sa justice, et alarmoit sa conscience [1]. Les membres du synode de Tyr eurent ordre de justifier leur décision ; la faction d'Eusèbe étoit confondue, si elle n'eût aggravé le crime d'Athanase par l'habile supposition d'une offense impardonnable ; on lui reprochoit le dessein criminel d'intercepter et retenir la flotte destinée à transporter des grains, d'Alexandrie, dans la nouvelle capitale [2]. L'empereur fut donc char-

---

[1] Athanase, tom. I, p. 804.

[2] Athanase, p. 729. Eunapius (in Vit. Sophist., p. 36, 37) rapporte que, dans une circonstance toute semblable, la flotte d'Alexandrie ayant été retenue dans le port faute d'un vent du sud, Sopater, philosophe syrien, honoré de l'amitié de Constantin, mais ennemi personnel du

mé d'éloigner de l'Égypte un homme qui y jouissoit d'une grande popularité ; mais il refusa de nommer un autre évêque pour remplir le siége vacant : la sentence qu'il prononça après une longue hésitation, fut plutôt un ostracisme jaloux qu'un exil ignominieux. Athanase passa environ vingt-huit mois à Trèves. La mort de l'empereur changea alors la face des affaires ; le jeune Constantin rappela Athanase par un édit honorable[1].

La mort de ce prince exposa Athanase à une seconde persécution[2].

préfet Ablavius, fut accusé d'avoir employé la magie pour *enchaîner* les vents, et eut la tête tranchée. Suidas ajoute que Constantin voulut prouver par cette exécution qu'il avoit absolument renoncé aux superstitions des Gentils.

[1] L'an 338.
[2] L'an 341.

Quatre-vingt-dix évêques attachés à Eusèbe s'assemblèrent à Antioche, sous le spécieux prétexte de faire la dédicace de la cathédrale. Ils composèrent une profession de foi ambiguë qui porte une teinte légère de sémi-arianisme, et vingt-cinq canons qui règlent encore la discipline de l'église grecque[1]. Il fut décidé, avec quelque apparence d'équité, qu'un évêque déposé par un synode ne pouvoit reprendre ses fonctions épiscopales avant d'être absous par un autre synode. La loi fut aussitôt appliquée à Athanase; le concile d'Antioche confirma sa dégradation; un étranger, nommé Grégoire, fut mis à sa place; et Philagrius, préfet

---

[1] Beveridge, Pandect., tom. I, p. 429—452; tom. II, note de la page 182. Tillem., Mém. eccl., VI, p. 310—324.

d'Égypte [1], fut requis de prêter main-forte et assistance au nouveau primat. Accablé par la conspiration des prélats d'Asie, Athanase s'enfuit d'Alexandrie, et passa trois années en exil à Rome. Grâce à son étude assidue de la langue latine, il put bientôt négocier avec le clergé d'Occident; ses flatteries, sans sortir des bornes de la décence, excitèrent la vanité de Jules; le pontife romain se crut le droit de recevoir un appel en pareille matière; l'innocence d'Athanase fut unanimement proclamée dans un concile de cinquante évêques italiens. Trois ans après, le primat fut mandé à la cour de Milan par l'empereur Constant, qui, au sein

---

[1] Ce magistrat, si odieux à Athanase, est vanté par Grégoire de Nazianze, t. I, Orat., XXI, p. 390, 391.

de plaisirs illégitimes, conservoit un vif attachement pour la foi orthodoxe. La cause de la vérité et de la justice fut aidée par l'influence de l'or [1]. Les ministres de Constant conseillèrent à leur souverain de convoquer une assemblée d'ecclésiastiques qui pussent agir comme représentans de l'église catholique. Quatre-vingt-quatorze évêques d'Occident et soixante-six de l'Orient se réunirent à Sardique [2], sur les limites des deux empires, mais dans les états du protecteur d'Athanase. Les débats eurent bientôt dégénéré en altercations hostiles; les prélats asiatiques craignant pour leur sûreté personnelle, se retirèrent à Philippopolis en Thrace; les conciles ri-

[1] Philostorgius, III, 12.
[2] L'an 346.

vaux lancèrent l'un contre l'autre les foudres de l'Église; leurs décrets furent publiés et ratifiés dans les provinces respectives; Athanase, que l'on regardoit en Occident comme un saint, fut voué à l'exécration de tout l'Orient. Le concile de Sardique révèle les premiers symptômes de discorde et de schisme entre les églises grecque et latine.

Pendant son second exil en Occident, Athanase fut fréquemment admis en présence de l'empereur. Dans ces conférences familières, Athanase déploroit l'erreur de Constance, mais il rejetoit la faute sur ses eunuques, et les prélats ariens qui l'entouroient; il gémissoit sur les malheurs et les dangers de l'Eglise, et excitoit l'émulation de Constant pour le faire marcher sur les traces glorieuses de son père. Constant déclara sa résolution d'employer les troupes et les trésors de l'Europe pour le soutien de la croyance orthodoxe : il signifia à son frère Constance que s'il ne consentoit aussitôt au rétablissement d'Athanase, il iroit lui-même avec une flotte et une armée le reconduire à Alexandrie¹. Les horreurs de cette guerre religieuse furent prévenues par la docilité de Constance. L'empereur d'Orient daigna solliciter sa réconciliation avec un sujet qu'il avoit opprimé. Athanase eut l'orgueil d'attendre jusqu'à ce qu'il eût reçu trois lettres remplies des plus fortes assurances de la protection, de

¹ Malgré le silence discret d'Athanase et la fausseté manifeste d'une lettre insérée par Socrates, ces menaces sont prouvées par le témoignage incontestable de Lucifer de Cagliari, et celui de Constance lui-même. Tillem., VIII, p. 693.

la faveur et de l'estime de son souverain, qui s'humilia au point d'engager ses principaux ministres à attester la sincérité de ses intentions. Elles furent manifestées d'une manière encore plus authentique par le rappel des partisans d'Athanase, à qui l'on rendit tous leurs priviléges. Le primat s'achemina enfin à petites journées par les provinces de Thrace, d'Asie et de Syrie; partout il reçut les hommages abjects des évêques orientaux, qui excitèrent son mépris sans tromper sa pénétration. Il vit à Antioche l'empereur Constance, reçut ses caresses avec modestie, et éluda la proposition d'accorder aux Ariens seulement une église à Alexandrie, en demandant la même tolérance pour son parti dans les autres villes de l'empire; réponse qui auroit pu paroître juste et modérée dans la bouche d'un prince indépendant. L'entrée de l'archevêque dans sa métropole fut un triomphe ¹. Son autorité fut plus affermie que jamais, et sa renommée se répandit dans tout le monde chrétien.

Cependant le sujet qui avoit réduit son prince à la nécessité de dissimuler, ne pouvoit compter sur un pardon sincère et durable; la fin tragique de Constant eut bientôt privé Athanase d'un puissant et généreux protecteur ². A peine délivré de Magnence, et retiré à Arles pendant l'hiver, Constance s'occupa de détruire un ennemi plus odieux pour lui que le tyran de la Gaule. Cette

¹ Athanase, I, p. 769, 822, 843. Socrates, II, c. 18. Sozom., III, 19. Théodoret, II, 11, 12. Philostorgius, III, 12.
² L'an 551.

cause importante fut solennellement débattue, d'abord au synode d'Arles, puis au concile général de Milan [1].

En dépit de la voix de la raison, une majorité factieuse l'emporta ; l'ancienne décision du concile de Tyr fut de nouveau confirmée, et Athanase se trouva déposé par le jugement de l'église d'Occident et de l'église de l'Orient. Les évêques opposans furent sommés de signer la sentence ; tous ceux qui refusèrent furent exilés. On distingue, parmi ces honorables victimes, Libérius, évêque de Rome, Osius de Cordoue, Paulanus de Trèves, Denys de Milan, Eusèbe de Verceil, Lucifer de Cagliari et Hilaire de Poitiers. Les efforts de l'empereur pour séduire ou intimider les évêques de Rome

[1] De l'an 353 à l'an 355.

et de Cordoue, furent quelque temps inutiles. Libérius osa, en présence de l'empereur lui-même, protester de l'innocence d'Athanase. Exilé à Bérée en Thrace, il renvoya une somme considérable qui lui avoit été offerte pour les frais de son voyage, disant que l'empereur et ses eunuques avoient besoin de cet argent pour payer leurs soldats et leurs évêques. La fermeté de Libérius et d'Osius céda enfin aux rigueurs de la captivité. Le pontife romain acheta son retour par quelque déférence criminelle, et il expia ensuite cette faute par son repentir. La persuasion et la violence furent tour à tour employées pour arracher la signature de l'évêque de Cordoue, vieillard décrépit, et accablé d'infirmités.

La chute de Libérius et d'Osius répandit un éclat plus brillant sur la fermeté des évêques qui adhéroient encore avec une fidélité inébranlable à la cause d'Athanase et de la vérité, malgré les mauvais traitemens où ils se trouvèrent exposés. Ils n'eurent, dans leur détresse, d'autres consolations que leur bonne conscience, les encouragemens, les visites, les lettres et les généreux secours de leurs amis[1]. Telle étoit la recherche extrême et capricieuse de l'empereur Constance, telle étoit son horreur pour la plus légère déviation de ce qu'il regardoit comme le type de la foi chrétienne, qu'il persécuta avec la même fureur ceux qui défendoient la *consusbtantiation*, ceux qui soutenoient la *similitude de substance*, ou ceux qui nioient la *ressemblance* du Fils du

[1] Sulp. Sev., Hist. sacra, p. 414. Athanase, I, p. 836, 840.

Dieu. On vit quelquefois dans le même lieu d'exil trois évêques dégradés et bannis pour ces opinions si opposées.

La disgrâce et l'exil des évêques orthodoxes d'Occident n'étoient qu'un prélude à la ruine d'Athanase lui-même[1]. Le patriarche d'Égypte se trouvoit enfin abandonné et proscrit par l'église latine; Constance envoya deux secrétaires lui intimer verbalement l'ordre de son bannissement. Athanase eut droit de montrer des doutes respectueux sur la sincérité d'un ordre qu'on ne lui produisoit point par écrit. Les autorités civiles furent obligées de conclure avec le peuple d'Alexandrie un arrangement en vertu duquel toutes démarches hostiles seroient suspendues jusqu'à ce

[1] L'an 356.

que la volonté du prince eût été connue d'une manière plus certaine. Cette modération apparente ne servit qu'à inspirer aux catholiques une fausse sécurité, pendant que les légions de la Haute-Égypte s'avançoient à marches forcées pour surprendre la capitale enflammée d'un zèle religieux[1]. La position d'Alexandrie, entre la mer et le lac Maréotis, facilita l'approche et le débarquement des troupes ; elles pénétrèrent au cœur de la ville avant que l'on songeât à fermer les portes, ou à s'assurer des points importans de défense. A mi-

---

[1] Athanase avoit appelé Saint-Antoine et d'autres moines fidèles qui, descendant de leurs montagnes, proclamèrent sa sainteté, et furent honorablement conduits par l'archevêque jusqu'aux portes de la ville. Athan., II, p. 441, 492. Rufin, III, 164, in Vit. Patr., p. 524.

nuit, vingt-trois jours après la signature du traité, Syrianus, duc de l'Egypte, à la tête de cinq mille soldats, investit tout-à-coup l'église de St.-Théonas, où l'archevêque célébroit l'office de la nuit avec une partie de son clergé et du peuple. L'attaque fut impétueuse et sanglante; les autres églises de la ville essuyèrent les mêmes outrages, et pendant quatre mois Alexandrie fut livrée aux insultes d'une soldatesque effrénée qu'excitoient les prêtres de la faction contraire. Un grand nombre de fidèles furent tués; des évêques et des prêtres furent traités avec autant de cruauté que d'ignominie; des vierges, consacrées au Seigneur, furent dépouillées de leurs vêtemens, frappées de verges, et violées. On livra au pillage les maisons des riches, et, sous le masque de la religion, on s'abandonna sans réserve à la débauche, à l'avarice, et aux vengeances particulières. Les païens d'Alexandrie, qui formoient encore un parti nombreux et mécontent, se laissèrent aisément persuader d'abandonner un évêque qu'ils craignoient et estimoient, pour soutenir la cause de son successeur, le fameux Grégoire de Cappadoce. L'usurpateur, après avoir reçu la consécration d'un synode arien, fut placé sur le trône épiscopal par les armes de Sébastien, nommé comte de l'Égypte pour l'exécution de ces importans projets. Il foula également aux pieds toutes les lois de la religion, de l'humanité et de la justice. Les scènes de violence et de scandale qui avoient épouvanté la capitale, se répétèrent dans quatre-vingts des villes épiscopales de l'Égypte. Encouragé par le succès, Constance ne balança point à approuver la conduite de ses ministres.

Cependant Athanase avoit échappé au péril le plus imminent. Dans la nuit fatale où l'église de St.-Théonas avoit été subitement assaillie par des hommes armés, tandis qu'une grêle de flèches tomboit déjà sur la multitude [1], Athanase résista aux pieuses importunités des moines et des prêtres, et ne voulut abandonner son siége que lorsque tout le monde se fût sauvé. Les ténèbres et le tumulte de la nuit favorisèrent sa retraite; et il échappa aux recherches des soldats, à qui les Ariens n'avoient pas manqué de dire que la tête d'Athanase seroit le présent le plus agréable à l'empereur; pendant six années entières, il

[1] Athan., I, p. 867.

demeura caché dans une obscurité impénétrable.

Une lettre pressante de l'empereur aux princes chrétiens de l'Éthiopie les engageoit à ne point accorder d'asile à Athanase. Des comtes, des préfets, des tribuns, des armées entières étoient successivement employés à la poursuite d'un évêque fugitif. De fortes récompenses étoient promises à quiconque le livreroit mort ou vivant, et les peines les plus sévères étoient prononcées contre ceux qui oseroient protéger cet ennemi public [1]. Mais les déserts de la Thébaïde étoient alors peuplés d'une race d'hommes religieux, qui préféroient les commandemens de leur abbé à ceux de leur souverain. Les nombreux disciples de St. Antoine et

[1] Rufin, I, 16.

de St. Pacôme reçurent Athanase comme un père. Les monastères d'Égypte étoient situés dans d'affreux déserts, sur les sommets des montagnes ou sur les îles du Nil. Au signal donné par la trompette de Tabenne, on voyoit s'assembler aussitôt plusieurs milliers de moines robustes, et qui, pour la plupart, avoient été cultivateurs dans les contrées voisines. Lorsque leurs retraites mystérieuses étoient envahies par des forces militaires, et que toute résistance étoit impossible, ils offroient avec résignation leur tête aux bourreaux, et ne démentoient point le caractère de la nation égyptienne; les plus affreuses tortures n'auroient pu leur arracher l'aveu d'un secret [1]. L'archevêque

---

[1] Amm., XXII, 1, 6, et comment. de Valois.

d'Alexandrie se confondit au milieu de cette multitude. A la moindre approche de danger, on le faisoit passer d'un lieu à un autre, et il pénétroit, s'il le falloit, dans d'effroyables déserts que la superstition et la crédulité peuploient de démons et de monstres sauvages. Pendant tout le reste de la vie de Constantin, Athanase demeuroit presque toujours au milieu des moines, qui lui servirent fidèlement de gardes, de secrétaires, et de messagers; mais les affaires de l'église l'engageoient, toutes les fois que le danger étoit passé, à sortir du désert, et à retourner à Alexandrie, sous la foi de ses amis et de ses adhérens. Toutes ses aventures pourroient fournir une histoire qui auroit le charme d'un roman: Un jour il s'étoit caché dans une citerne à sec; une fille esclave le trahit, mais il s'étoit déjà échappé avant l'arrivée des gardes. Une autre fois il trouva un asile encore plus extraordinaire, chez une vierge de vingt ans, célèbre, dans toute la ville, par son éclatante beauté. Cette jeune fille fut bien surprise, au milieu de la nuit, de voir paroître tout-à-coup l'archevêque, à peine couvert des vêtemens les plus indispensables ; Athanase la supplia de le prendre sous sa protection, disant qu'une vision céleste lui avoit ordonné de se présenter chez elle. La pieuse fille accepta le dépôt sacré, confié à sa prudence et à son courage. Sans initier qui que ce fût dans cet important secret, elle cacha Athanase dans son appartement le plus reculé, et veilla sur lui avec la tendresse d'une amie, et l'assiduité d'une servante. Tel fut ce commerce mystérieux et familier entre un saint dont le caractère exigeoit une chasteté sans tache, et une jeune vierge dont les charmes pouvoient causer la plus dangereuse impression [1]. Pendant six années de persécution et d'exil, Athanase ne cessa de rendre de fréquentes visites à cette charmante et fidèle compagne. Il dit expressément avoir été *témoin* des conciles de Rimini et de Séleucie [2]; cela nous fait croire qu'il s'étoit rendu en secret au lieu de leur convocation. Ainsi, du fond de sa retraite inaccessible, l'intrépide patriarche ne cessoit de faire la guerre au protecteur des Ariens; ses écrits, répandus en grand nombre et lus avec avidité, unissoient et animoient

[1] Palladius, Hist. Lausiac., c. 136, in Vit. Patr., 779.
[2] Athan., p. 869. Tillem., VIII, p. 1197.

l'église orthodoxe. Dans ses apologies publiques, adressées à l'empereur lui-même, Athanase emploie quelquefois les expressions de la louange et de la modération; mais dans ses écrits secrets, il reproche au même Constance sa foiblesse et sa perversité; il le qualifie de bourreau de sa famille, de tyran et d'antechrist. Au comble de la prospérité, le monarque victorieux, qui avoit su punir la témérité de Gallus, étouffer la révolte de Sylvain, arracher le diadème de la tête de Véranion, et vaincre, en bataille rangée, les légions de Magnence, reçut, d'une main invisible, des blessures qui n'étoient susceptibles ni de guérison ni de vengeance [1].

Les catholiques, demeurés fidèles

[1] Ep. d'Athan. aux Moines, p. 834, 856.

à la foi orthodoxe, tantôt exprimoient hautement leur dissidence d'opinion, tantôt se séparoient tout-à-fait de la communion des Ariens. La première méthode fut imaginée à Antioche, et se répandit bientôt dans toute la chrétienté. L'hymne sacré, où l'on célèbre la gloire de la Trinité, est susceptible de distinctions fort minutieuses et néanmoins importantes. L'emploi de la particule disjonctive ou de la particule copulative y fait toute la différence entre la doctrine orthodoxe et celle des hérétiques. Deux laïcs, pleins de dévotion et de zèle, professant le symbole de Nicée, avoient introduit, dans le service divin, des versets et des répons; en un mot, une psalmodie régulière[1]. Sous leur conduite, une

---

[1] Thomassin, Disc. de l'Église, tom. I, L. II, c. 72, 73, p. 966—987.

foule de moines et de fidèles, qui remplissoient la cathédrale d'Antioche, chantoient en triomphe la gloire du Père, ET du Fils, ET du Saint-Esprit[1]; ainsi les catholiques insultoient, par la pureté de leur doctrine, au prélat arien qui avoit usurpé le siége du vénérable Eustache. Le même zèle portoit les fidèles à former des assemblées séparées, gouvernées par leurs prêtres, jusqu'à ce que la mort de l'évêque exilé eût permis l'élection et la consécration d'un nouveau pasteur[2]. Les révolutions de la cour

[1] Philost., III, 13. Godefroy, p. 147. Il y avoit trois formules hétérodoxes : « Au Père *par* le Fils *et* dans le Saint-« Esprit ; au Père *et* au Fils *dans* le Saint-« Esprit ; au Père *dans* le Fils *et* le Saint-« Esprit. »

[2] Tillem., Mém. eccl., VII, p. 55, 1137; VIII, p. 557, 1314. Dans beau-

multiplioient le nombre des prétendans; la même ville fut souvent disputée, sous le règne de Constance, par deux, trois et quatre évêques, qui perdoient et recouvroient alternativement la possession temporelle de l'église. L'exemple des deux capitales, Rome et Constantinople, servira à nous faire connoître la situation générale de l'empire sous le règne des fils de Constantin.

Le pontife romain, tant qu'il conservoit sa place et ses principes, étoit protégé par le dévouement d'un peuple nombreux; il pouvoit rejeter avec mépris les prières, les menaces et les offres d'un prince hérétique. Lorsque les eunuques eurent résolu

coup d'églises, les Ariens et les Homoousiens, quoique séparés de communion, se livroient aux mêmes prières. Philost., III, 14.

l'exil de Libérius, ils usèrent des plus grandes précautions. La capitale fut investie, et le préfet eut ordre de s'assurer de la personne du prélat, soit par ruse, soit par force. Libérius, arrêté au milieu de la nuit, fut entraîné hors de Rome avant que la consternation du peuple se fût changée en rage. Le clergé, dans une assemblée générale, jura solennellement de ne jamais abandonner son prélat, de ne jamais reconnoître l'usurpateur Félix. Pendant deux années entières, cette obstination ne se démentit pas. Constance étant venu à Rome, une députation des femmes de sénateurs et autres dames distinguées le supplia de leur rendre leur évêque. Constance permit que les deux prélats, Libérius et Félix, gouvernassent en paix leurs congrégations respectives. Mais les idées de tolérance étoient si fort opposées aux usages et aux opinions de ces temps que, la réponse de Constance ayant été lue publiquement au cirque de Rome, un projet aussi raisonnable d'accommodement fut rejeté avec dédain. Le cirque retentit de mille acclamations: Un seul Dieu, un seul Christ, un seul évêque! Le zèle des Romains, en faveur de Libérius, ne se borna pas à de vaines paroles; la sédition sanglante qui éclata bientôt après le départ de l'empereur, engagea ce prince à recevoir la soumission du prélat exilé, et à lui rendre son autorité sans partage. Félix fut chassé de la ville; on massacra inhumainement ses partisans dans les rues, sur les places, dans les bains, et même au sein des églises. Rome présenta l'image hideuse des massacres de Marius, et des proscriptions de Sylla[1].

Malgré les progrès rapides du christianisme sous la dynastie flavienne, Rome, Alexandrie, et les autres grandes cités, contenoient encore une forte et puissante faction d'infidèles qui envioient la prospérité de l'église, et tournoient en ridicule, sur les théâtres, les disputes qui la déchiroient. Constantinople seule jouissoit de l'avantage d'être née, de s'être élévée au sein de la foi. Jamais la capitale de l'Orient ne fut polluée par le culte des idoles; la population entière étoit fortement imbue des

[1] Amm., XV, 7. Athan., I, p. 834, 861. Sozom., IV, 15. Théodoret, II, 17. Sulp. Sev., Hist. sac., II, p. 413. Jérôme, Chron. Marcell. et Faust., Libell. p. 3, 4. Tillem., Mém. eccl., VI, 356.

opinions, des vertus, des passions qui distinguoient les chrétiens de ce siècle. Après la mort d'Alexandre, le siége épiscopal fut disputé par Paul et Macédonius. Tous deux étoient dignes de ce poste éminent ; et si Macédonius avoit un caractère encore plus irréprochable, son compétiteur avoit l'avantage de l'antériorité de l'élection et de la plus grande pureté de la doctrine. Le ferme attachement de Paul au symbole de Nicée l'exposa au ressentiment des Ariens, et lui mérita une place parmi les martyrs. En quatorze ans, il fut expulsé cinq fois, et fut rétabli sur son siége plus souvent par les violences du peuple que par la volonté du prince. Le pouvoir de Macédonius ne pouvoit être assuré que par la mort de son rival. L'infortuné Paul fut conduit, chargé de chaînes, des déserts arides de la Mésopotamie aux lieux les plus affreux du mont Taurus [1]. Enfermé dans un cachot obscur, et laissé six jours sans nourriture, il fut enfin étranglé par ordre de Philippe, un des principaux ministres de Constance [2]. Le premier sang qui souilla la nouvelle capitale, fut versé pour des discussions théologiques; il y eut une sédition où une foule d'habitans furent égorgés. La mission d'arrêter Paul fut confiée à Hermogène, maître de la cavalerie; mais elle lui fut fatale à lui-même; la multitude incendia son palais, se saisit de sa personne, le traîna par les pieds dans

[1] Cucusus, ville fort triste sur les confins de la Cappadoce, de l'Asie-Mineure et de la Cilicie, fut le terme de sa vie et de ses souffrances.

[2] Athanase, I, p. 703, 813, 813. Socrates, II, 26. Sozom., IV, 2

les rues de Constantinople, et fit toutes sortes d'insultes à son cadavre[1].

Le sort d'Hermogène engagea Philippe, préfet des Prétoriens, à se conduire, pour le même objet, avec plus de prudence. Recourant à la dissimulation, il invita Paul aux thermes de Zeuxippe ; ce bâtiment avoit une communication secrète avec le palais et la mer. Un vaisseau tout prêt à la porte du jardin, mit à la voile dès que le prélat y eut été jeté ; le peuple ignoroit encore le sacrilége lorsque le saint évêque étoit déjà en route pour Thessalonique. Bientôt les portes du palais s'ouvrirent. On vit avec indignation l'usurpateur Macédonius, placé auprès du préfet, sur un char entouré d'hommes ar-

[1] Amm., XIV, 10.

més. Le cortége s'avança vers la cathédrale; les Ariens et les catholiques se précipitèrent à l'envi vers ce poste important; trois mille cent cinquante personnes périrent dans le tumulte. Macédonius, soutenu par des troupes réglées, remporta une victoire décisive ; mais son règne fut troublé par de fréquentes séditions. Les moindres circonstances qui avoient quelque rapport avec l'objet en litige, suffisoient pour nourrir et exciter les flammes de la discorde civile. La chapelle où l'on avoit déposé le corps du grand Constantin, tombant en ruines, l'évêque transporta ces restes vénérables à l'église de Saint-Acace. Cette mesure de prudence, et même de piété, fut représentée comme une horrible profanation par le parti catholique. On prit les armes; le lieu consacré devint un champ de bataille [1].

La cruauté naturelle de Constance fut justement aigrie par les tumultes de sa capitale. Des sentences de mort, d'exil et de confiscation furent prononcées, et souvent avec partialité. Les Grecs révèrent encore la mémoire de deux clercs, l'un lecteur, l'autre sous-diacre, qui furent accusés de l'assassinat d'Hermogène, et eurent la tête tranchée. Un édit de Constance, qui n'a pas été jugé digne de trouver place dans le Code Théodosien, prononça contre ceux qui refuseroient de communiquer avec les évêques ariens, et particulièrement avec Macédonius, la privation des

---

[1] Socrates, II, c. 6, 7, 12, 13, 15, 16, 26, 27, 38. Sozom., III, 3, 4, 7, 9; IV, 11, 21. Photius, Bibliot., p. 1419—1430.

immunités ecclésiastiques et des droits des chrétiens. Macédonius, chargé d'exécuter cette commission, en dépassa les bornes. Les sacremens de l'église furent administrés aux fidèles malgré leurs protestations; le baptême fut conféré à des femmes, à des enfans que l'on arrachoit, pour cette cérémonie, aux bras de leurs parens. La bouche des communians étoit tenue ouverte par une machine de bois, et on les forçoit d'avaler le pain consacré; les jeunes vierges subissoient d'horribles tortures; tantôt on leur brûloit les mamelles avec des coquilles d'œufs ardentes, et tantôt on leur pressoit ces parties délicates entre des pièces de bois [1].

[1] Socrates, II, c. 27, 38. Sozime, IV, 21. Les principaux assistans de Macédonius étoient les deux évêques de Nicomédie et Cyzique, estimés par leurs ver-

Les Novatiens, grâce à leur attachement à la doctrine de l'*homoousion*, méritèrent d'être confondus avec les catholiques. Macédonius fut informé qu'une portion considérable de la Paphlagonie étoit presque entièrement habitée par ces sectaires; il ordonna à quatre mille légionnaires de marcher contre Mantinium, chef-lieu des rebelles. Les paysans novatiens se défendirent en désespérés; armés de faux et de haches, ils taillèrent les légions en pièces [1]..

Tandis que l'arianisme désoloit le

tus et leur charité. Je ne puis m'empêcher de rappeler ici que la différence entre les deux termes *homoousion* et *homoiousion* sur lesquels roule le dissentiment des catholiques et des ariens, est presque imperceptible aux yeux du théologien le plus subtile.

[1] Julien, Epist., L. II, p. 346.

centre de l'empire, les provinces d'Afrique étoient infestées par des fanatiques farouches qui, sous le nom de Circumcellions, formoient la principale force des Donatistes [1]. L'exécution sévère des lois de Constantin, et la rigueur qu'y apportèrent les commissaires de son fils Constant, Paul et Macaire, formoient, aux yeux de ces schismatiques, un spécieux contraste entre les maximes des apôtres et la conduite de leurs successeurs [2]. Les paysans des villages de la Numidie et de la Mauritanie étoient

---

[1] Année 345 et suiv. Optatus Milevitanus, III, 4. Hist. des Donatistes par Dupin. Tillem., Mém. eccl., VI, p. 147.

[2] *Voyez*, sur ces deux officiers de Constant, les opinions fort opposées de Gratus, évêque de Carthage, et de l'auteur donatiste de la passion de Marculus, Monum. vet. ad calcem Optati, p. 304, 313.

une race féroce, imparfaitement convertis à la foi chrétienne, mais qui n'embrassoient qu'avec plus d'aveuglement et de fureur la cause de leurs prêtres donatistes. Ils ne purent soutenir l'exil de leurs évêques, la démolition de leurs temples, l'interruption de leurs assemblées secrètes, et le massacre de plusieurs ecclésiastiques. Ils se réunirent près du désert de Gétulie. La plupart n'avoient ni lances ni épée; leur arme principale étoit une grossière et pesante massue qu'ils nommoient *Israélite* ; le mot *Alléluïa*, louange à Dieu, étoit leur cri de guerre. Leurs déprédations furent d'abord colorées du prétexte de la nécessité, mais bientôt ils ne mirent aucun frein à leur cruauté, ni à leur avarice; les travaux du labourage et l'administration de la justice furent interrompus. Les Circumcellions prétendoient rétablir l'égalité primitive des hommes, et réformer les abus de la société civile ; ils offroient un asile assuré aux esclaves et aux débiteurs qui accouroient sous leur étendard sacré. Quelques prêtres catholiques, ayant imprudemment signalé leur zèle, furent égorgés avec la barbarie la plus raffinée.

La valeur des Circumcellions ne s'exerçoit pas toujours contre des ennemis sans défense ; ils attaquoient et parfois mettoient en déroute les troupes de la province ; dans la journée sanglante de Bagaï, ils attaquèrent en rase campagne, mais avec plus d'intrépidité que de succès, un poste avancé de la cavalerie impériale.

Les Donatistes, pris les armes à la main, étoient traités comme les bêtes féroces du désert ; le captif subissoit sans murmure le supplice du glaive, de la hache ou du feu. Les représailles se multiplièrent dans une proportion qui ne fit qu'aggraver les horreurs de la révolte, et éteindre toute espérance de réconciliation. Au commencement du dix-huitième siècle, l'exemple des Circumcellions a été renouvelé par la persécution, l'audace, les crimes et l'enthousiasme des Camisards; si les fanatiques du Languedoc surpassèrent ceux de la Numidie par leurs exploits militaires, on peut dire que les Africains maintinrent avec plus de persévérance et de résolution leur fière indépendance [1].

La rage des Donatistes étoit excitée par une frénésie d'un genre extraordinaire. Un grand nombre de ces

[1] Hist. des Camisards, Villefranche, 1760.

martyrs avoient la vie en horreur, et désiroient impatiemment le supplice ; peu leur importoit le genre de mort, si elle étoit sanctifiée par l'intention de s'immoler à la gloire de la vraie foi, et à l'espérance du bonheur éternel [1]. Tantôt ils troubloient les fêtes publiques, et profanoient les temples des païens, afin que les idolâtres vengeassent cette insulte envers leurs Dieux ; tantôt ils se précipitoient au milieu d'un tribunal, et forçoient le juge effrayé à ordonner sur-le-champ leur exécution. Souvent ils arrêtoient des voyageurs sur les grands chemins, et les invitoient à leur porter le coup du martyre, soit par la promesse d'une ré-

[1] Ils alléguoient, pour justifier leurs suicides, l'exemple de Razias dans le quatorzième chapitre du deuxième Livre des Macchabées.

compense, soit par les plus terribles menaces. Lorsqu'ils n'avoient point d'autres ressources, ils annonçoient le jour où, en présence de leurs amis et de leurs frères, ils se précipiteroient du haut d'une roche escarpée. Divers précipices acquirent de la renommée par le grand nombre de ces suicides religieux.

Le simple récit des divisions intestines qui troublèrent la paix et déshonorèrent le triomphe de l'église, confirmera la remarque d'un historien du paganisme, et justifiera l'assertion d'un vénérable évêque. Ammien-Marcellin dit que l'inimitié des chrétiens, les uns envers les autres, surpassoit la fureur des bêtes sauvages acharnées contre l'homme. Saint-Grégoire de Nazianze gémit de voir le royaume du ciel devenu, par d'affreuses discordes, l'image du chaos, d'une tempête nocturne et de l'enfer lui-même [1].

Raynal accuse Montesquieu [2] de n'avoir pas osé compter parmi les causes de la décadence de l'empire une loi de Constantin, qui prohiba absolument le culte des païens et laissa une partie considérable de ses sujets sans prêtres, sans temples, sans aucune religion publique. Cet auteur a cru mal à propos au témoignage ambigu des ecclésiastiques qui ont trop légèrement attribué à leur héros le *mérite* d'une persécution générale [3]. Au lieu d'alléguer cette loi

[1] Amm., XXII, 5. Gregor. Naz., Orat., 1, p. 53. Tillem., VI, p. 501.

[2] Hist. polit. etc. des Indes, tom. I, p. 9.

[3] Eusèbe, in Const., II, 45. Théodoret, V, 21. Orose, VII, 28. Socrates (I, c. 17.), et Sozomène (II, 4, 5.), ont

maginaire que nous aurions retrouvée à la tête des codes impériaux, il nous suffit de l'épître originale que Constantin adressa aux sectateurs de l'ancienne religion, dans un temps où il ne dissimuloit plus sa conversion, et ne redoutoit plus de concurrens au trône. Il exhorte, dans les termes les plus pressans, les sujets de l'empire à suivre l'exemple de leur maître; mais il déclare que ceux qui refusent encore d'ouvrir leurs yeux à la lumière céleste, pourront jouir librement de leurs temples et de leurs faux dieux. Sans violer la sainteté de sa promesse, sans alarmer la terreur des païens, l'habile monarque minoit lentement et avec précaution

présenté la conduite de Constantin sous un jour plus conforme à la vérité et à l'histoire.

l'édifice ruiné du polythéisme. Si le zèle du christianisme l'entraîna parfois à des actes d'une partialité trop sévère, il les colora des spécieux prétextes de la justice et du bien public. Tandis que Constantin ruinoit les fondemens de l'antique religion, il sembloit en réformer les abus. D'après l'exemple des plus sages de ses prédécesseurs, il condamna, sous des peines rigoureuses, la science occulte et impie de la divination. Un honteux silence fut imposé aux oracles qui avoient été manifestement convaincus de fraude et de fausseté. Les prêtres efféminés du Nil furent supprimés, et Constantin ne fit que remplir les devoirs d'un censeur romain, lorsqu'il donna des ordres pour la démolition de différens temples de la Phénicie, où les plus infâmes prostitutions avoient lieu en l'honneur de Vénus [1]. La ville impériale de Constantinople fut en grande partie élevée aux dépens des temples opulens de la Grèce et de l'Asie, et ornée de leurs dépouilles. Les propriétés des temples furent confisquées; les statues des dieux et des héros furent transportées, avec une sorte de familiarité, chez un peuple qui les considéroit comme des objets non d'adoration, mais de curiosité.

Les fils de Constantin marchèrent sur ses traces avec plus de zèle et moins de discrétion. Les prétextes de rapines et d'oppression se multiplièrent insensiblement; tous les cas douteux furent résolus au préjudice

[1] Eusèbe, in Constant., III, c. 54—58; IV, 23, 25. On peut comparer ces actes d'autorité à l'abolition des Bacchanales et à la suppression du temple d'Isis, par les magistrats de Rome païenne.

du paganisme ; la démolition des temples fut célébrée comme un des événemens les plus heureux du règne de Constant et de Constance[1]. Il y a cependant lieu de croire que l'édit formidable de Constance contre les païens, que l'on trouve dans le Code théodosien, n'a été qu'un projet, ou s'il a été publié, n'a pas été mis à exécution[2]. L'évidence des faits, divers monumens de bronze et de marbre

---

[1] Libanius (Orat. pro templo, p. 25), dit que l'empereur faisoit souvent le don d'un temple à un favori, comme il lui auroit donné un chien, un cheval, un esclave ou une coupe d'or. *Voyez* aussi Amm., XXII, 4. Libanius, Orat. parental., c. X. Cod. Theod., L. XVI. tit., X, 1. 4, et Comment. de Godefroy, VI, p. 262.

[2] La Bastie, Mém. de l'Acad., tom. XV, p. 98.

prouvent que le culte païen continua d'exister pendant tout le règne des fils de Constantin. Quatre ans après la date supposée de cet édit, Constance visita les temples de Rome, et un auteur païen vante la conduite qu'il tint en cette conjoncture. « L'empereur, dit « Symmaque[1], ne porta aucune at- « teinte aux priviléges des Vestales; il « conféra les dignités du sacerdoce « aux Romains les plus illustres, ac- « corda les sommes d'usage pour dé- « frayer les dépenses du culte et des « sacrifices. En un mot, quoiqu'il eût « embrassé une religion différente, « jamais il n'essaya d'abolir le culte « sacré de l'antiquité. »

Le sénat continua de consacrer, par des décrets solennels, la mémoire divine de ses princes ; Constantin

---

[1] Epist., X, 54.

lui-même, après sa mort, fut associé à ces Dieux qu'il avoit abjurés pendant sa vie. Le titre, les décorations, les prérogatives de *souverain pontife*, tels qu'ils avoient été institués par Numa, et pris par Auguste, furent acceptés, sans hésitation, par sept empereurs chrétiens : ils se trouvèrent de cette manière jouir d'une autorité plus absolue sur la religion qu'ils abandonnoient que sur celle qu'ils professoient [1].

Les divisions des chrétiens ralentirent la ruine du *paganisme* [2]. L'ex-

[1] *Voyez* la quatrième dissertation de la Bastie, sur le souverain pontificat des empereurs romains, dans les Mém. de l'Acad., tom. XV, p. 75—144.

[2] Je dois faire remarquer ici les singulières révolutions de ces mots *païens* et *paganisme*.

1.° Παγη, dans le dialecte dorien,

tirpation de l'*idolâtrie* auroit été justifiée par les principes dominans

répandu en Italie, signifie une fontaine; les villageois des environs qui fréquentoient la même fontaine étoient compris sous le nom de *pagus* et *pagani*. (Festus sur ce mot, et Servius sur les Géorg. de Virgile, II, 382.)

2.° Par une extension facile de ce mot, *paganus* ou *païen* et villageois devinrent synonymes. (Pline, Hist. nat., XXVIII, 5.)

3.° L'augmentation prodigieuse de l'ordre militaire nécessita la création d'un terme co-relatif. (Hume, Essais, I, 555.) Tous les hommes du peuple qui n'étoient point enrôlés au service du prince furent notés de l'épithète flétrissante de païen. (Tacit., Hist., III, 24, 43, 77. Juvenal, Sat. XVI. Tertullien, de Pallio, c. 4.)

4.° Les chrétiens étoient les soldats du Christ; leurs adversaires qui refusoient d'entrer dans cette milice par le *sacre-*

de l'intolérance; mais les sectes ennemies qui régnoient alternativement

ment, sacramentum, c'est-à-dire le serment militaire du baptême, étoient, par métaphore, appelés *païens* ; ce terme d'animadversion commença à s'introduire sous le règne de Valentinien (l'an 365) dans les lois des empereurs (Code Théod., L. XVI, T. II, l. 18) et dans les écrits des théologiens.

5.° Les villes de l'empire se trouvèrent peu à peu remplies de chrétiens; l'ancienne religion, au temps de Prudence (advers. Symmachum, L. I., ad. fin.), et d'Orose (in Præfat. Hist.), se réfugia et languit dans d'obscurs villages : le mot *païens*, dans cette nouvelle signification, retourna à son origine primitive.

Voyez G. Vossius, Etymol. linguæ latinæ, dans ses œuvres, I, p. 420. Comment. de Godefroy sur le Code Théod., VI, p. 250, et le glossaire de Ducange.

à la cour, auroient craint de s'aliéner une faction puissante, quoique touchant à sa décadence. Tous les motifs possibles, l'autorité et la vogue, l'intérêt et la raison, militoient en faveur du christianisme ; mais il se passa deux ou trois générations avant qu'il obtînt une victoire universelle et complète.

CHAPITRE XXII.

Julien est déclaré empereur par les légions de la Gaule. Ses succès. Mort de Constance. Administration civile de Julien.

Tandis que les Romains languissoient sous la tyrannie ignominieuse des eunuques du palais, les louanges de Julien retentissoient dans tout l'empire. Les barbares de la Germanie redoutoient encore les armes du jeune César ; ses soldats étoient les compagnons de ses victoires ; les habitans des provinces jouissoient des bienfaits de son règne ;

mais les favoris qui s'étoient opposés à son élévation étoient offensés de ses vertus. Tant que la gloire de Julien fut douteuse, les bouffons du palais, versés dans le langage de la satire, essayèrent contre lui leurs funestes talens. Il leur fut facile de découvrir que son apparente simplicité n'étoit pas exempte d'affectation; les épithètes ridicules de sauvage, de barbu, de singe décoré de la pourpre, furent appliquées à l'habillement et à la personne du guerrier philosophe; le ton modeste de ses dépêches fut traité de fictions vaines et à prétention d'un grec diffus, d'un soldat bel-esprit, qui avoit étudié le métier de la guerre sous les bosquets de l'académie[1]. La voix de la méchanceté fut enfin étouffée par les cris de victoire; le

[1] Amm. XVII, 11.

vainqueur des Francs et des Allemands ne pouvoit plus être un objet de mépris ; le monarque lui-même eut la basse jalousie de dérober à son lieutenant la noble récompense de ses travaux. On envoya, suivant l'usage, à toutes les provinces, des lettres couronnées de lauriers ; le nom de Julien y fut omis. « Constance, disoit-on, a fait *ses* dispositions en personne ; *il* a signalé sa valeur au premier rang ; *son* génie militaire a su fixer la victoire ; le roi captif des Barbares lui a été présenté sur le champ de bataille, » et il en étoit à plus de quarante journées de distance [1].

Une fable aussi extravagante ne

---

[1] Amm. XVI, 12. C'est sur des rapports si trompeurs qu'ont travaillé Thémistius et Aurelius Victor ; *voyez* Thémistius, VI, p. 56. Aurel. Victor

pouvoit ni tromper la crédulité publique, ni même satisfaire l'orgueil de l'empereur; ce prince ne pouvoit se dissimuler que les vœux des Romains étoient pour Julien, et son esprit étoit tout disposé à recevoir le poison subtil de ces artificieux sycophantes qui coloroient leurs desseins haineux des apparences de la vérité et de la candeur [1].

La tranquillité apparente de la Gaule et le danger imminent des provinces orientales fournirent un heureux prétexte à ces vils courtisans [2]. Ils résolurent de désarmer le jeune César, de rappeler les troupes qui veilloient à sa sûreté, et d'employer à une guerre lointaine contre

---

[1] Mammertin. in Act. grat. in vet. Paneg., XI, 5, 6.

[2] Au mois d'avril de l'an 360.

les Perses ces vétérans aguerris. Julien, ayant établi ses quartiers d'hiver à Paris, fut surpris de recevoir l'ordre du départ de quatre légions entières, les Celtes, les Pétulans, les Hérules et les Bataves, dont des détachemens d'élite devoient arriver, avant le commencement de la campagne, sur les frontières de la Perse. Le jeune César prévit et déplora les conséquences d'un ordre aussi fatal. La plupart des auxiliaires, en engageant volontairement leurs services, avoient stipulé qu'on ne les obligeroit jamais de passer les Alpes. La foi publique de Rome et l'honneur personnel de Julien étoient garans de cette condition. Un pareil acte d'oppression et de perfidie ne pouvoit manquer d'exciter le ressentiment des guerriers indépendans de la Germanie; d'un autre côté, le départ de forces aussi considérables exposoit la Gaule aux plus grands dangers. Que devoit faire Julien? Obéir aux ordres de l'empereur, c'étoit occasionner sa ruine et celle d'un peuple digne de son affection. Refuser positivement d'obéir, c'étoit se mettre en révolte ouverte. L'isolement augmentoit son affreuse incertitude : il ne pouvoit plus avoir recours aux conseils fidèles de Salluste que la malice prévoyante des eunuques lui avoit enlevé. On avoit choisi le moment où Lupicinus, général de la cavalerie, étoit allé dans la Grande-Bretagne repousser les incursions des Scots et des Pictes, où Florentinus étoit occupé à Vienne à la répartition du tribut. Le dernier, homme rusé et profondément corrompu, évita de prendre sur lui une responsabilité dangereuse;

il éluda les invitations pressantes et réitérées de Julien qui réclamoit sa présence.

Après une pénible hésitation, Julien se vit forcé de reconnoître que l'obéissance est la première vertu du sujet, et qu'au souverain seul appartient le droit de prononcer sur les intérêts de l'état. Il donna les ordres nécessaires pour mettre à exécution les volontés de Constance; une partie des troupes commença à passer les Alpes. Les habitans des provinces, tout tremblans, cherchoient cependant à retenir les légions; les femmes des soldats tenant leurs enfans dans leurs bras, accusoient leurs maris d'une lâche désertion. Cette scène toucha Julien; il accorda un nombre suffisant de chariots pour transporter les femmes des soldats et leurs familles; il augmenta ainsi, par les plus nobles procédés, sa popularité et le mécontentement des troupes qu'on vouloit exiler. Bientôt la douleur de cette multitude armée se changea en rage ; des libelles circulèrent où l'on peignoit, dans les termes les plus vifs, la disgrâce de César, l'oppression de l'armée de la Gaule, la foiblesse et les vices du tyran de l'Asie. Les officiers de Constance furent alarmés des progrès de l'esprit de faction ; ils pressèrent Julien de hâter le départ des troupes, mais ils eurent l'imprudence de rejeter l'avis loyal et judicieux qu'il leur avoit donné, de ne point leur faire traverser Paris, et de ne point les exposer à la tentation d'une dernière entrevue avec lui.

Dès que Julien fut instruit de l'approche des troupes, il alla au-devant d'elles, et monta sur son tribunal élevé dans une plaine, aux portes de la ville. Sa harangue étoit conçue dans un langage étudié, mais plein de respect et de soumission pour l'empereur. Les soldats, craignant d'offenser leur général par d'indécentes acclamations, gardèrent un silence obstiné. Cependant une grande fermentation régnoit parmi eux; et, dans un grand repas qui eut lieu la veille du jour fixé pour le départ, on se livra aux plus violens murmures. A minuit, cette multitude impétueuse, armée d'épées, et se dirigeant à la lueur des torches enflammées, pénétra dans les faubourgs, entoura le palais[1], et pro-

---

[1] C'étoit vraisemblablement ce palais des Thermes dont une salle vaste et imposante subsiste encore dans la rue de la Harpe. Les bâtimens couvroient une partie considérable du quartier

féra la fatale acclamation qui ne laissoit plus aucun retour possible : *Julien Auguste !* Le prince, inquiet de ces désordres, fit fermer ses portes ; mais les soldats, dont le zèle étoit encore irrité par les obstacles, les enfoncèrent au point du jour. Ils s'emparèrent avec une respectueuse violence de l'objet de leur choix, conduisirent Julien au milieu de Paris, et le saluèrent empereur par des acclamations réitérées. En vain Julien implora-t-il leur pitié ; en vain témoigna-t-il son indignation ; en vain promit-il, si l'armée rentroit

moderne de l'université ; et les jardins, sous les rois Mérovingiens, communiquoient avec l'abbaye Saint-Germain-des-Prés. Les dévastations des Normands du douzième siècle ne laissèrent de cet antique palais qu'un monceau de ruines.

sur-le-champ dans le devoir, d'obtenir non seulement son pardon de l'empereur, mais la révocation même des ordres qui avoient excité son ressentiment. Les soldats, connoissant bien l'inévitable effet de leur démarche, aimèrent mieux compter sur la reconnoissance de Julien que sur la clémence de l'empereur. On l'éleva sur un bouclier; un riche collier militaire tint lieu du diadème[1]. La cérémonie se termina par la promesse de quelques libéralités [2]; et le

---

[1] Dans ces conjonctures tumultueuses, Julien montra son penchant pour la superstition. Il ne voulut pas absolument que l'on se servît ni d'un collier de femme, ni d'un précieux harnois de cheval que l'impatience des soldats proposoit en place de diadème; ces ornemens eussent été de mauvais augure.

[2] Cinq pièces d'or et une livre d'ar-

nouvel empereur, cédant à une douleur réelle ou feinte, se retira dans la partie la plus reculée de son appartement[1].

Julien, dans sa lettre au peuple et au sénat d'Athènes, déclare solennellement, en présence de Jupiter, du Soleil, de Mars, de Minerve, de toutes les divinités, que, jusqu'à la fin du jour qui précéda son élection, il n'avoit aucune connoissance des desseins des soldats. Cependant la persuasion que Constance étoit l'ennemi de ces Dieux dont il se regardoit comme le favori, ne pouvoit-elle pas le porter à désirer, et même à hâter l'heureux moment d'un règne

gent, c'est-à-dire environ cent trente francs par homme.

[1] Julien, ad S. P. Q. Athen., p. 282. Liban. Orat. Parent. c., 44—48. Amm., XX, 4. Zosime, III, p. 151.

destiné à rétablir l'antique religion? Julien raconta, dans la suite, à ses amis que, s'étant livré à quelques instans de sommeil, peu de temps après le mouvement des soldats, il vit apparoître le génie de l'empire qui lui reprochoit son défaut d'énergie[1]. Frappé d'étonnement et d'épouvante, il invoqua le grand Jupiter qui lui fit aussitôt connoître, par un

---

[1] *Voyez* Amm. XX, 5, et la note de Lindenbrogius sur le génie de l'empire. Julien lui-même, dans une lettre à Oribasien, son médecin et son ami, (Epist. XXVII, p. 384), parle d'un autre songe. Il vit un chêne énorme renversé, et une foible plante qui jetoit en terre des racines profondes. C'est ainsi que, même pendant son sommeil, l'esprit de ce prince étoit agité par la crainte et l'espérance. Zosime (III, p. 155) raconte un troisième rêve.

prodige manifeste, qu'il devoit se soumettre aux volontés du ciel et de l'armée.

Julien vouloit encore épargner à son pays les horreurs d'une guerre civile, éviter de se mesurer avec les forces supérieures de Constance, et ne point encourir de trop justes reproches d'ingratitude et de perfidie. Décoré de tous les ornemens impériaux, Julien se montra, dans le champ de Mars, aux soldats. Il leur rappela leurs victoires, plaignit leurs souffrances, applaudit à leur résolution, encouragea leur espoir, mais réprima leur impétuosité. Il fit promettre solennellement aux troupes que, si l'empereur d'Orient consentoit à un traité équitable, elles renonceroient à toute conquête, et se contenteroient de la tranquille possession des provinces gauloises. D'après ces bases, il composa, en son nom et celui de l'armée, un message conçu en termes spécieux et mesurés, dont il chargea deux ambassadeurs, Pentadius, son maître des offices, et Euthérius, son chambellan [1]. Il prenoit dans cette épître la qualification modeste de César ; mais il sollicitoit, d'une manière péremptoire, quoique respectueuse, la confirmation du titre d'Auguste. Il consentoit à reconnoître la suprématie de Constance, à lui envoyer un présent annuel de chevaux espagnols, à recruter son armée avec l'élite de la jeunesse barbare, et à accepter un préfet prétorien de son choix. Il se réservoit toutefois la nomination des autres

---

[1] Ammien prétend qu'il ajouta à ce message ostensible des lettres remplies d'expressions mordantes et injurieuses.

officiers civils et militaires, le commandement des troupes, les revenus et la souveraineté des provinces au-delà des Alpes.

Les soldats et le peuple se réjouissoient d'une révolution qui n'étoit pas souillée, même du sang des coupables. Florence étoit en fuite, et Lupicinus prisonnier; on s'étoit assuré de tous les ennemis du gouvernement. Les places vacantes étoient données, selon le mérite, par un prince qui méprisoit les intrigues du palais et les clameurs des soldats.

Les négociations furent accompagnées de vigoureux préparatifs pour la guerre. L'armée fut aisément augmentée, grâce aux désordres de ces temps. La cruelle persécution de la faction de Magnence avoit rempli la Gaule de troupes nombreuses, de gens sans aveu, et de brigands. Ils acceptèrent volontiers une amnistie générale, et se rangèrent sous les drapeaux de Julien.

Dès que la saison permit d'entrer en campagne[1], Julien jeta un pont sur le Rhin, près de Clèves, et se disposa à châtier les Attuariens, nation de Francs. La difficulté et la gloire de l'entreprise ne consistèrent que dans une marche pénible. Julien eut vaincu, dès qu'il eut pénétré dans un pays que l'on regardoit avant lui comme inaccessible. Après avoir accordé la paix aux Barbares, le nouvel empereur visita les fortifications sur le Rhin, parcourut les contrées qu'il avoit arrachées aux Allemands, passa par Besançon[2], et fixa son

[1] L'an 360.
[2] Julien (Epist. XXXVII, p. 414), donne une courte description de Ve-

quartier d'hiver à Vienne. Vadomair étoit le seul prince des Allemands qui lui donnât de l'ombrage. Il le fit surprendre au milieu d'une fête que ce chef avoit eu l'imprudence d'accepter, et l'envoya prisonnier en Espagne[1].

Les ambassadeurs de Julien furent retenus en Italie et en Illyrie, par les délais que suscitoient à dessein plusieurs gouverneurs de provinces; ils

sontio ou Besançon, située sur une presqu'île formée par le Doubs. C'étoit autrefois une ville magnifique remplie de temples superbes.

[1] Amm. XX, 10, XXI, 3, 4. Zosime, III, 155. Vadomair entra au service de Rome, et fut nommé duc militaire de la Phénicie. Sa fidélité fut souvent douteuse; mais, sous le règne de Valens, il se signala dans la guerre d'Arménie. Amm. XXIX, 1.

voyagèrent, par petites journées, de Constantinople à Césarée en Cappadoce. Parvenus enfin auprès de Constance, ils le trouvèrent imbu des préventions les plus défavorables contre Julien et son armée. On les accueillit avec indignation et mépris; les regards, les gestes, les expressions menaçantes dont se servoit le monarque, décélèrent le trouble de son ame. Les liens du sang qui l'unissoient à l'époux d'Hélène, venoient d'être dissous par la mort de cette princesse, qui avoit été souvent enceinte sans pouvoir mettre d'enfant au monde, et avoit été victime d'une dernière grossesse[1]. L'impératrice

---

[1] Libanius a composé une apologie très-foible pour justifier son héros d'une accusation absurde, le reproche d'avoir fait empoisonner sa femme et donné

Eusébie avoit conservé jusqu'au dernier moment de sa vie l'affection tendre et même jalouse qu'elle avoit conçue pour Julien ; son influence auroit pu modérer le ressentiment d'un prince qui, depuis sa mort, étoit abandonné à ses passions et aux artifices de ses eunuques. Mais la crainte d'une invasion étrangère obligea Constance à suspendre le châtiment d'un ennemi domestique. Il continua de marcher vers les confins de la Perse, et se contenta de notifier à quelles conditions il pourroit pardonner à Julien et à ses adhérens. Il exigeoit que le présomp-

pour récompense au médecin, auteur de ce crime, les joyaux de sa mère. *Voyez* la septième des dix-sept nouvelles harangues publiées à Venise en 1754 d'après un manuscrit de la bibliothéque de Saint-Marc.

tueux César renonçât formellement au rang et au titre d'Auguste; qu'il rentrât dans les limites de ses premières fonctions; qu'il remît le gouvernement et l'armée dans les mains des officiers de la cour, et ne demandât pour sa sûreté d'autre garantie que les assurances de pardon que l'empereur lui fit porter par Épictète, évêque arien de la Gaule.

Plusieurs mois se consumèrent vainement dans des négociations dont les parties intéressées étoient séparées par mille lieues de distance. Julien, voyant enfin que sa modération et son respect ne servoient qu'à irriter l'orgueil d'un adversaire implacable, prit le parti de tenter les chances de la guerre. Il donna, devant l'armée, une audience publique au questeur Léonas. Le message hautain de Constance fut lu à la multitude attentive;

Julien protesta qu'il étoit prêt à renoncer au titre d'Auguste, si ceux qui l'avoient élevé au rang suprême, vouloient y consentir. Mille acclamations étouffèrent sa voix. « Que « Julien Auguste, s'écria-t-on, con- « tinue de régner par l'autorité de « l'armée, du peuple et de l'état qu'il « a sauvés. »

On lut ensuite une autre partie du message, où Constance reprochoit son ingratitude à Julien qu'il avoit honoré de la pourpre, qu'il avoit élevé avec tant de soins et de tendresse, à cet orphelin, en un mot, dont il avoit protégé l'enfance. C'en est trop ! s'écria Julien furieux. Est-ce le meurtrier de ma famille qui peut me reprocher d'être un orphelin ? Par ce seul mot il m'excite à venger des injures que je m'étois efforcé d'oublier.

L'assemblée fut dissoute. Julien parvint avec peine à défendre Léonas de la fureur du peuple, et le renvoya avec une réponse véhémente, conçue dans des termes d'autant plus vifs que, pendant vingt années, il avoit dissimulé sa haine et son ressentiment.

Après cette déclaration de guerre, Julien, qui, peu de semaines auparavant, avoit célébré la fête chrétienne de l'Épiphanie[1], déclara pu-

[1] L'an 361. Amm., XXII, 2. Zonaras observe que c'étoit la fête de Noël; et ces deux assertions ne se contredisent point, puisque les églises d'Égypte, d'Asie, et peut-être de la Gaule, célébroient à la fois, le même jour (le 6 janvier), la nativité et le baptême du Sauveur. Les Romains, non moins ignorans que leurs frères sur la véritable date de la naissance du Christ, ont fixé la fête solennelle de Noël au 25 décembre,

bliquement qu'il confioit le soin de sa sûreté aux *Dieux immortels*. Ainsi, il abjuroit et le culte et l'amitié de Constance.

Julien apprit, par des lettres interceptées, que son adversaire, sacrifiant l'intérêt de l'état à celui du monarque, avoit excité les Barbares à envahir les provinces d'Occident. Le soin avec lequel on formoit d'immenses magasins, l'un sur les bords du lac de Constance, l'autre au pied des Alpes Cottiennes, annonçoit le rassemblement d'une armée formidable. Mais les légions de l'empereur étoient encore en Asie ; le Danube

c'est-à-dire aux *Brumalia* ou au solstice d'hiver, époque où les païens avoient coutume de célébrer la naissance du Soleil. Bingham, Antiq. de l'église chrét., XX, 4. Beausobre, hist. crit. du Manich., II, p. 690.

étoit foiblement gardé; et si Julien pouvoit s'emparer, par un coup de main, des provinces d'Illyrie, il pouvoit espérer qu'une multitude de soldats accourroient sous ses drapeaux, que les mines d'or et d'argent contribueroient, par leurs riches produits, aux dépenses de la guerre. Les soldats, à qui il proposa cette entreprise, répondirent qu'ils étoient prêts à suivre Julien aux extrémités de l'Europe et de l'Asie. Un seul homme s'opposa à ce serment, Nébridius, préfet des prétoriens. Ce ministre fidèle osa soutenir les droits de Constance, au milieu d'une multitude armée et furieuse dont il faillit devenir la victime. Un coup d'épée lui abattit une main; Nébridius embrassa aussitôt les genoux du prince qu'il avoit offensé; Julien le couvrit de son manteau impérial, et le renvoya chez lui avec une escorte. Les fonctions de Nébridius furent données à Salluste[1].

Les espérances de Julien étoient fondées beaucoup moins sur le nombre de ses soldats que sur la rapidité de ses mouvemens. Il assembla son armée dans les environs de Bâle. Un des corps, consistant en dix mille hommes, fut dirigé, sous les ordres de Névitta, général de la cavalerie, vers la Rhétie et la Norique. Une division de la même force, commandée par Jovius et Jovinus, se prépara à suivre le cours oblique des montagnes, en traversant les Alpes et les limites septentrionales de l'Italie. Ces deux corps d'armée devoient rejoindre leur général à Sirmium. Julien réserva

[1] Amm., XXI, 5, 8. Liban., Orat. parent., c. 53.

pour lui même l'entreprise la plus périlleuse. A la tête de trois mille volontaires, pleins d'intrépidité et d'énergie, il pénétra au milieu de la forêt Noire ou Marcienne, dans laquelle se trouvent les sources du Danube[1]. Grâce au secret qu'il sut observer, à sa diligence et à sa vigueur, il surmonta tous les obstacles, et arriva enfin sur le Danube, entre Ratisbonne et Vienne, au lieu où il devoit faire embarquer ses troupes. Un ingénieux stratagème le rendit maître d'une flotille de bâtimens légers, et d'une quantité considérable de vivres. Toute l'armée s'embarqua, et par-

---

[1] Liban. Orat. par., c. 53, p. 278. Greg. Naz. Orat., III, p. 68. (Julien traversa probablement le défilé nommé l'Enfer, qui est devenu célèbre dans la campagne de 1796. (*Note de l'éditeur.*)

courut plus de deux cents lieues en onze jours [1]; et il avoit déjà effectué son débarquement à Bononie (*Widin*), à onze lieues seulement de Sirmium, avant que l'ennemi pût savoir, d'une manière certaine, qu'il fût parti des bords du Rhin. Lucilien, général de cavalerie, et commandant de l'Illyrie, fut alarmé par des nouvelles vagues, qu'il ne pouvoit ni croire ni rejeter entièrement. A peine avoit-il songé à réunir ses troupes, lorsqu'il fut surpris par un corps d'infanterie légère, commandé par Dagalaïphe. Lucilien, prisonnier, fut conduit en présence de Julien qui lui accorda son pardon; mais cet officier montra une grande présomption, en disant au vainqueur que c'étoit une

---

[1] Zosime, III, p. 156. Mamertin, paneg. vet., XI, 6, 7, 8.

folie de s'exposer avec une poignée d'hommes au milieu de tant d'ennemis. Julien lui répondit, avec un sourire de dédain : « Réservez vos conseils pour votre maître Constance. En vous permettant de baiser ma robe de pourpre, je vous ai reçu comme un suppliant, et non pour recevoir des conseils. »

Julien s'avança rapidement dans l'Illyrie. Il fut reçu à Sirmium, aux joyeuses acclamations des soldats et du peuple qui s'étoit couronné de fleurs, et tenoit à la main des torches allumées. Deux jours furent accordés aux réjouissances populaires et aux jeux du cirque; mais, dès le matin du troisième jour, Julien partit pour s'emparer du passage de Sacci, dans les défilés du mont Hémus.

Les préfectures d'Italie et d'Illyrie étoient administrées par Taurus et

Florence, lesquels joignoient à cet important emploi le vain titre de consuls. Ces magistrats s'étant retirés avec précipitation à la cour d'Asie, Julien ne put s'empêcher de montrer la légèreté de son humeur, en ajoutant, dans tous les actes de l'année, aux noms des deux consuls, l'épithète de *fugitifs*. De Sirmium et de Naïssus, il envoya aux principales villes de l'empire une apologie étudiée de sa conduite, publia les dépêches secrètes de Constance aux Barbares[1], et sollicita le jugement des hommes entre deux compétiteurs, dont l'un avoit chassé, et dont l'autre appeloit les éternels ennemis de l'empire. Son épître au sénat et au peuple d'Athènes semble avoir

---

[1] Julien, ad S. P. Q. A., p. 286. Amm., XXI, 4.

été dictée par l'enthousiasme d'un littérateur ; il soumettoit ses actions et leurs motifs aux Athéniens dégénérés de son temps, avec la même déférence et la même humilité que s'il eût plaidé, au temps d'Aristide, devant le tribunal de l'aréopage. Son message au sénat de Rome, à qui l'on permettoit encore d'accorder les titres de la puissance impériale, étoit d'accord avec les formes de la république expirante. Tertullus, préfet de la ville, convoqua cette assemblée ; on y lut le message de Julien ; et comme il paroissoit maître de l'Italie, aucune voix ne s'éleva contre ses prétentions. On entendit avec moins de satisfaction ses censures indirectes des innovations de Constantin, et ses invectives passionnées contre les vices de Constance. Le sénat, comme s'il eût été présent, s'écria d'un commun accord : Respectez, nous vous en conjurons, l'auteur de votre fortune [1] ! expression équivoque et pleine d'adresse, qui pouvoit s'interpréter selon les chances de la guerre, soit comme un courageux reproche contre l'ingratitude de l'usurpateur, soit comme une confession dictée par la flatterie, qu'un tel bienfait envers la chose publique devoit faire oublier les défauts de Constance.

La retraite de Sapor laissoit respirer l'empereur ; il annonça le projet de repasser en Europe, et de donner la chasse à Julien, car il ne parloit jamais de cette expédition militaire que comme d'une partie de plaisir, que comme s'il s'agissoit de saisir une

---

[1] *Auctori tuo* reverentiam rogamus. Amm. XXI, 1.

proie qui ne pouvoit lui échapper. La harangue qu'il adressa aux troupes, à son camp de Hiérapolis, en Syrie, fut reçue avec applaudissement. Théodore, président du conseil d'Hiérapolis, demanda, avec des larmes que faisoit couler une lâche adulation, que la tête du rebelle fût envoyée à cette ville comme un précieux ornement[1]. Un corps d'élite fut envoyé sur des chariots, afin de s'emparer, s'il en étoit temps encore, du défilé de Sacci. Gaudence, secrétaire de l'empereur, s'étoit assuré la fidélité des provinces d'Afrique, et la détresse de Julien fut encore augmentée par un événement inattendu, qui auroit pu produire les plus fatales conséquences.

[1] Amm., XXI, 13. Théodore implora et obtint par la suite son pardon d'un vainqueur plein de clémence.

Julien avoit reçu à Sirmium la soumission de deux légions et d'une cohorte d'archers; mais il suspectoit avec raison la fidélité de ces troupes, et, sous prétexte de garder les frontières de la Gaule, il les avoit éloignées du théâtre le plus important de l'action. Ces légions s'avancèrent d'abord sans murmurer; mais arrivées sur les frontières de l'Italie, cédant aux instigations d'un de leurs tribuns, elles s'arrêtèrent à Aquilée, et y arborèrent les bannières de Constance. Julien calcula d'un coup d'œil la gravité du mal et la nécessité d'y porter remède. Jovinus retourna en Italie avec une partie de l'armée, et poussa le siége d'Aquilée avec vigueur.

Cependant Julien fut délivré de la cruelle alternative de faire périr son rival ou de périr lui-même. La mort de Constance arriva à propos pour sauver l'empire des horreurs de la guerre civile. Surpris par une maladie à Mopsucrène, quatre lieues au-delà de Tarse, il y expira quelques jours après, dans la quarante-cinquième année de son âge, et la vingt-quatrième de son règne [1].

On dit que Constance, avant d'ex-

---

[1] Le 3 novembre 361. Amm., XXI, 14, 15, 16. Nous devons regarder comme calomnieuse cette assertion, reproduite par Grégoire de Nazianze (Orat., III, p. 68.), qui accuse Julien d'avoir eu part à la mort de son bienfaiteur. Le repentir de l'empereur d'avoir épargné Julien, et de l'avoir élevé au rang de César (p. 69, et Orat. XXI, p. 389), n'est ni invraisemblable en soi-même, ni inconciliable avec le testament verbal, mais public, que des considérations de prudence ont pu lui dicter dans les derniers momens de sa vie.

pirer, nomma Julien son successeur ; il n'est nullement improbable que sa sollicitude pour une épouse jeune et chérie qu'il laissoit enceinte, l'ait emporté, dans les derniers instans de sa vie, sur la haine et le désir de la vengeance. Eusèbe et ses complices firent quelques efforts pour prolonger le règne des eunuques par l'élection d'un autre empereur ; mais leurs intrigues furent rejetées avec dédain par l'armée. Deux officiers supérieurs se rendirent auprès de Julien, pour l'assurer de la fidélité des troupes.

Ainsi, sans être obligé de répandre le sang de ses concitoyens, Julien échappa aux dangers d'une guerre douteuse, et il acquit tous les avantages d'une victoire complète. Impatient de visiter le lieu de sa naissance et la nouvelle capitale de l'empire, il s'avança de Naïssus à travers le

Mont-Hémus et les villes de Thrace. Lorsqu'il fut arrivé à Héraclée, à vingt lieues de Constantinople, il vit tous les habitans accourir sur son passage, et y fit une entrée triomphante [1]. Quelques jours après, le corps de Constance ayant été amené dans le port, les sujets de Julien applaudirent à l'humanité réelle ou supposée de leur monarque; marchant à pied, sans diadème, et vêtu d'habits de deuil, il accompagna les obsèques jusqu'à l'église des saints apôtres [2]. Ses larmes prouvèrent qu'il avoit oublié les injures de Constance, pour ne se souvenir que de ses bienfaits.

[1] Le 11 décembre. Amm., XXII, 1, 2. Liban. Orat. Par., c. 56, p. 281.

[2] Amm., XXI, 16. Greg. Naz. Orat., IV, p. 119. Mamert., in Paneg. vet. XI, 27. Philostorg., VI, 6.

Dès que les légions d'Aquilée
urent la certitude de la mort de
l'empereur, elles ouvrirent les portes
de la ville, et, par le sacrifice de
leurs chefs, obtinrent un facile pardon de la prudence et la douceur de
Julien, qui, dans la trente-deuxième
année de son âge, se vit paisible
possesseur de l'empire romain [1].

Cependant Julien se rappeloit avec
effroi cette maxime de son maître
Platon [2], que le soin des troupeaux
étant toujours confié à des êtres d'une
espèce supérieure, il faudroit, pour
gouverner les nations, des dieux ou
au moins des génies. Il concluoit de
ce principe que l'homme qui ose

[1] Il étoit né le 6 novembre de l'année 331 ou 33. Tillem., Hist. des Emp., IV, p. 693. Ducange, Fam. Byz., p. 50.

[2] Ad Themist., p. 258.

régner doit aspirer aux perfections de la nature divine; qu'il doit purifier son ame de toute affection mortelle et terrestre, mettre des bornes à ses appétits, éclairer son esprit et régler ses passions. Il méprisa les honneurs, renonça aux plaisirs, et remplit, avec une activité sans relâche, les devoirs de sa place éminente. Un de ses amis intimes [1], qui partagea souvent sa table simple et frugale, a fait le plus grand éloge de la sobriété du régime auquel il s'étoit assujéti. On le voyoit, dans un seul et même jour, donner audience à des ambassadeurs, écrire ou dicter un grand nombre de lettres à ses généraux, aux magistrats civils, à ses amis et aux différentes cités de

---

[1] Liban., Orat. Par., c. LXXXIV, LXXXV, p. 510.

l'empire. Il écoutoit toutes les réclamations qui lui étoient présentées, lisoit les mémoires et notifioit ses intentions avec plus de rapidité que ne pouvoient les écrire ses secrétaires en notes abrégées. Il avoit une telle flexibilité de pensée et une attention si soutenue, qu'il pouvoit à la fois écrire, écouter et dicter, et suivre à la fois trois ordres différens d'idées, sans hésitation et sans erreurs. Pendant que ses ministres se reposoient, le prince couroit, avec agilité, d'un travail à un autre; après un très court dîner, il se retiroit dans sa bibliothéque jusqu'au moment de se livrer de nouveau aux affaires publiques. Le souper de l'empereur étoit encore moins substantiel que son dîner; jamais son sommeil ne fut troublé par une mauvaise digestion; et si ce n'est pendant le court intervalle d'un mariage contracté, plutôt par politique que par amour ; le chaste Julien ne partagea jamais son lit avec aucune femme[1]. Bientôt il étoit éveillé par d'autres secrétaires qui avoient dormi tout le jour précédent.

Les prédécesseurs de Julien, son oncle, son frère et son cousin, satisfaisoient leur goût puéril pour les jeux du cirque, sous prétexte de se prêter aux inclinations du peuple, et souvent ils assistoient à vingt-quatre courses consécutives. Julien, à qui ces amusemens frivoles n'inspiroient que du mépris, daignoit cependant, les jours de fêtes solennelles, paroître dans le cirque, et il en sortoit à la cinquième ou sixième course, avec l'impatience d'un philosophe

[1] Mamert. Paneg. vet., XI, 13. Liban., Orat. Par., c. 68, p. 313. Amm., XXV, 4.

qui regardoit comme perdu tout le temps qui n'étoit pas consacré au bien public, ou au perfectionnement de son esprit [1]. Avare du temps à ce point, il sembla prolonger la courte durée de son règne; si les dates n'étoient pas certainement fixées, nous aurions peine à croire qu'il ne s'écoula que seize mois entre la mort de Constance et le départ de son successeur pour la guerre de Perse [2]. Ce qui nous reste des volumineux écrits de ce prince, est une preuve de son application et de son génie. Le Misopogon, la satire des Césars, plusieurs de ses harangues, et son ouvrage, très-soigné, contre la religion, furent composés pendant les longues nuits de deux hivers qu'il

[1] Julien, Misopogon. p. 340.
[2] Au mois de mars, l'an 363.

passa, l'un à Constantinople, l'autre à Antioche.

La réforme de la cour impériale fut un des premiers actes, et l'un des plus nécessaires de son gouvernement[1]. Quelque temps après son entrée dans le palais de Constantinople, il eut besoin d'un barbier. Un officier, magnifiquement vêtu, se présenta aussitôt devant lui. Je demande un barbier, s'écria le prince, et non un receveur général des finances. Il questionna cet homme sur les profits de sa charge, et apprit qu'outre des honoraires considérables, on lui accordoit de quoi entretenir vingt domestiques et autant de chevaux. Mille barbiers, mille échan-

[1] Amm., XXII, 4. Lib. Orat. par., c. 62, p. 288. Mamert. Paneg. vet., XI, 11. Socrates, III, c. 1. Zonaras, T. II, L. XIII, p. 22.

sons, mille cuisiniers étoient employés dans le palais, et le nombre des eunuques excédoit toute croyance. Le luxe étoit porté au-delà de toutes les bornes; cet appareil devoit exciter l'indignation de Julien, accoutumé à dormir sur la dure, et qui faisoit consister sa vanité, non à briller des pompes de la royauté, mais au contraire à les mépriser. On accuse cependant Julien d'avoir agi avec trop de précipitation, et avec une sévérité inconsidérée, dans cette entreprise salutaire. Par un seul édit, il fit du palais de Constantinople un désert immense; il chassa ignominieusement cette foule d'esclaves, et même les serviteurs les plus fidèles [1],

---

[1] On a cependant accusé Julien d'avoir donné des villes entières à des eunuques (Orat., VII, contre Polyclète, p. 117),

sans égard pour l'âge, les services et la pauvreté. Tel étoit le caractère de Julien; il ne songeoit pas à cette belle maxime d'Aristote : que la véritable vertu existe entre les deux extrêmes. En dédaignant une vaine somptuosité, il oublia toute décence, et parut se glorifier de fouler aux pieds toutes les lois de la propreté. Dans un écrit satirique, il parle avec complaisance, et même avec orgueil, de la longueur de ses ongles et de ses mains salies par l'encre; il se vante de porter une barbe longue et touffue, à l'exemple des philosophes de la Grèce, et entre dans des particularités encore plus dégoûtantes[1].

Libanius se contente de nier froidement le fait. Il peut tenir au surplus à quelques circonstances qui nous sont inconnues.

[1] Misop., p. 338.

Ce n'étoit pas assez de réformer les abus, il voulut punir les crimes du règne précédent. « Nous avons « été délivrés par un prodige, dit-il « dans une lettre familière; nous avons « été délivrés d'une hydre vorace[1]. « Loin de moi l'idée d'appliquer cette « épithète à mon frère Constance. Il « n'est plus; que la terre repose légère- « ment sur sa tête. Mais ses odieux « et cruels favoris l'ont trompé; ils « ont aigri son caractère naturelle- « ment doux. Je ne veux pas au « surplus traiter ces hommes eux- « mêmes avec injustice. Ils sont ac- « cusés; qu'ils jouissent du bénéfice « des formes légales et d'un jugement « impartial! »

Le tribunal chargé de ces enquêtes fut composé de six officiers militaires

[1] Épître à Hermogènes, XXIII, p. 389.

et civils, et siéga à Chalcédoine, de l'autre côté du Bosphore, avec pouvoir absolu de faire exécuter ses jugemens sans délai et sans appel. La présidence en fut donnée au vénérable préfet de l'Orient, le second Salluste [1], dont les vertus lui ont concilié l'estime des sophistes grecs et des évêques chrétiens. Il avoit pour assesseur l'éloquent Mamertinus, l'un des consuls dont il est fâcheux que l'éloge soit atténué par le soin qu'il a pris de le faire lui-même [2]. Cependant la

[1] Il faut distinguer avec soin les deux Sallustes, l'un préfet de la Gaule, l'autre préfet de l'Orient.

[2] Mamertinus (XI, 1) loue l'empereur d'avoir conféré les charges de trésorier et de préfet à un homme aussi sage, aussi ferme, aussi intègre que lui. Cependant Ammien le compte parmi les ministres les plus distingués de Julien.

sagesse de ces deux magistrats civils étoit contre-balancée par la férocité et la violence de quatre généraux, Névitta, Agilon, Jovinus et Arbétion.

Le chambellan Eusèbe, qui avoit si long-temps abusé de la faveur de Constantin, expia, par une mort ignominieuse, l'insolence, la corruption et la cruauté de son règne servile. Paul et Apodéme, ses complices, furent également condamnés, et le premier brûlé vif. Mais la justice, pour nous servir de l'expression pathétique d'Ammien, pleura sur le sort d'Ursule, trésorier de l'empire; sa mort accusa l'ingratitude de Julien qui, dans ses malheurs, avoit reçu d'utiles secours de la libéralité de ce vertueux ministre. La rage des soldats qu'il avoit indiscrètement provoqués, fut la cause et l'excuse de sa condamnation; l'empereur, tourmenté par les reproches de sa conscience et du public, offrit quelque consolation à la famille d'Ursule, par la restitution des biens confisqués.

Taurus et Florence se virent réduits à implorer la clémence de l'inexorable tribunal de Chalcédoine, avant la fin de l'année même où ils avoient été investis de la préfecture et du consulat[1]. Le premier fut banni à Verceil en Italie, et le second fut condamné à mort. Un sage prince auroit récompensé le crime de Taurus. Ce fidèle ministre, ne pouvant plus s'opposer aux progrès d'un rebelle, s'étoit réfugié à la cour de son bienfaiteur, de son souverain légitime.

[1] On avoit encore une sorte de respect pour des noms sacrés sous la république, et l'on ne vit point sans surprise et sans scandale Taurus jugé criminellement sous son propre consulat.

Mais une accusation plus grave pesoit sur Florence, et sa fuite donna occasion à Julien de déployer sa magnanimité; il repoussa en effet les renseignemens que lui offroit un délateur, excité par l'appât d'une récompense, et refusa d'apprendre en quels lieux le malheureux fugitif se déroboit à son ressentiment [1]. Quelques mois après la dissolution du tribunal de Chalcédoine, le prétorien, vice-gérent de l'Afrique, le secrétaire Gaudence, et Artémius [2],

---

[1] Amm., XX, 7.

[2] Julien, Ep. X, p. 379. Amm., XXII, 6, et notes de Valois. Les Grecs et les Latins se sont laissés tenter d'honorer comme martyr Artémius qui avoit démoli les temples païens, et qui fut mis à mort par un apostat. Une histoire ecclésiastique nous apprend qu'il étoit non seulement un tyran, mais Arien, et cette

duc de l'Égypte, furent exécutés à Antioche. Les autres courtisans de Constance furent protégés par un acte général d'amnistie; on les laissa jouir impunément des présens qu'ils avoient reçus, soit pour défendre les opprimés, soit pour écraser les malheureux sans appui. Cette mesure, fondée en elle-même sur une sage politique, fut exécutée d'une manière indigne de la majesté du trône. Julien étoit tourmenté par les clameurs de la multitude, et surtout des Égyptiens; ils réclamoient à grands cris les sommes et les présens qu'on leur avoit extorqués. Il prévit que de telles réclamations n'auroient point de fin, et promit que, s'ils venoient à Chalcédoine, il recevroit à ce sujet

canonisation est bien indiscrète. Tillem., Hist. eccl., VII, p. 1529.

les plaintes qu'on lui présenteroit. Lorsque ces malheureux y furent arrivés, Julien fit défense expresse aux mariniers de transporter aucun Égyptien à Constantinople. Ils furent ainsi trompés dans leur attente, et retenus sur la côte d'Asie jusqu'à ce que, leur patience et leurs ressources étant épuisées, ils se virent contraints de retourner dans leur pays [1].

L'innombrable armée d'espions et de délateurs, soudoyés par Constance, fut immédiatement dissoute par son généreux successeur. Julien étoit lent à soupçonner, et ne punissoit qu'à regret. Il méprisoit la trahison, par jugement et par vanité autant que par courage. Un citoyen d'Ancyre s'étant

---

[1] Amm., XXII, 5, et Notes de Valois. Code Théod., L. II, T. XXXIX, 1, et Comment. de God.

fait faire des vêtemens de pourpre, on rapporta à Julien cette action indiscrète qui, sous le règne de Constance, eût été considérée comme un crime capital. Le monarque, après avoir pris des informations sur le rang et le caractère de celui qui sembloit vouloir s'ériger en rival, lui envoya une paire de chaussures de pourpre, afin de compléter son habillement magnifique. Une conspiration plus dangereuse fut formée par dix gardes du corps qui avoient résolu d'assassiner Julien dans le camp d'exercice, près d'Antioche. Ils révélèrent leur crime dans un moment d'intempérance, et furent conduits enchaînés aux pieds de leur souverain. Celui-ci, après de vifs reproches, au lieu de leur infliger le supplice le plus cruel, se contenta de prononcer l'exil des deux principaux coupables.

Le seul cas où Julien s'écarta de sa clémence accoutumée, ce fut à l'égard d'un jeune téméraire dont les foibles mains vouloient saisir les rênes de l'empire. Mais ce jeune homme étoit fils de Marcellus, général de cavalerie, qui, dans la première campagne de la Gaule, avoit déserté les étendards de Julien et de l'empire [1].

Julien abhorroit le système de despotisme oriental que Dioclétien, Constantin et quarante années de patience et d'habitude avoient établi dans l'empire. Un motif superstitieux l'empêcha d'exécuter le projet qu'il avoit souvent médité, de se démettre d'un somptueux diadème [2]; mais il refusa

[1] Amm., XXII, 9, 10, et Notes de Valois. Liban., Orat. par., c. 99, p. 323.
[2] Liban., Orat. par., c. 95, p. 320.

absolument le titre de *Dominus* ou *Seigneur* [1]. Les fonctions, ou plutôt le nom de consul, flattoient singulièrement un prince qui contemploit avec respect les ruines de la république; il suivit en cela les principes d'Auguste. Aux calendes de janvier, dès le point du jour [2], les nouveaux consuls, Mamertin et Névitta, se rendirent au palais pour saluer l'empereur; il se leva de son trône, courut au-devant d'eux, et força ces magistrats à recevoir les plus humbles

[1] Misop., p. 543. Comme il n'a jamais abrogé par aucune loi authentique les titres orgueilleux de *Despote* et de *Dominus*, ils se trouvent sur ses médailles (Ducange, Fam. Byz., p. 58). Le déplaisir qu'il en témoignoit ne servit qu'à donner un ton différent à la servitude de la cour.

[2] Le 1.er janvier 363.

démonstrations de son respect. Du palais ils allèrent au sénat. L'empereur à pied précédoit leurs litières; parmi la multitude étonnée, les uns admiroient cette image des anciens temps, les autres blâmoient une conduite qui, à leurs yeux, dégradoit la majesté de la pourpre [1].

Pendant les jeux du cirque, il lui arriva, par mégarde, ou peut-être à dessein, d'affranchir un esclave en présence du consul. Mais bientôt se rappelant qu'il avoit usurpé sur la juridiction d'un autre magistrat, il se condamna lui-même à une amende de dix livres pesant d'or. Il profita de cette occasion pour déclarer publiquement qu'il étoit sujet comme les autres aux lois et aux réglemens de

[1] Amm., XXII, 7. Mamert., Paneg. vet., XI, 28, 29, 30.

la république. Par suite du système de son administration, il accorda au sénat de Constantinople les mêmes honneurs, les mêmes priviléges, la même autorité dont jouissoit encore le sénat de l'ancienne Rome [1]. On établit, par une fiction légale, que la moitié de cette auguste assemblée s'étoit transportée dans l'Orient, et les successeurs despotes de Julien, en acceptant le titre de sénateurs, se reconnoissoient membres d'un corps respectable auquel il étoit permis de représenter la majesté du nom romain.

De Constantinople il étendit sa sollicitude aux sénats municipaux ou *Curies* des provinces; et, pour me servir de la brillante expression de Libanius, il rendit une ame aux cités

---

[1] Zosime, III, p. 158.

expirantes de l'empire [1]. Le spectacle de la Grèce excitoit dans son esprit la plus tendre compassion. Il ne pouvoit contenir son enthousiasme en songeant à des dieux, à des héros, et à des hommes supérieurs encore à des dieux et à des héros qui avoient légué à la postérité la plus reculée les monumens de leur génie, ou l'exemple de leurs vertus. Il soulagea les maux des villes de l'Epire et du Péloponnèse et en rétablit la beauté [2]. Athènes le reconnut son

[1] Liban., Orat. Par., c. 71, p. 296. Amm., XXII, 9. Code Théod., L. XII, T. I, l. 50—55, et Comment. de Godefroy. Malgré ces vastes matériaux, l'organisation des curies est ce qu'il y a de plus obscur dans l'histoire de la législation de l'empire.

[2] Mamert., XI, 9. Il rétablit particulièrement la ville de Nicopolis, et les jeux actiaques, institués par Auguste.

bienfaiteur, et Argos son libérateur. Il défendit contre les exactions des Corinthiens cette ville, ancienne capitale d'Agamemnon, et qui avoit donné à la Macédoine une longue suite de rois et de conquérans.

Ce monarque se distinguoit souvent sous le double caractère d'orateur et de juge.[1] L'art de persuader les hommes, cultivé avec tant de succès par les premiers Césars, fut négligé par l'ignorance et la rudesse militaires, ou l'orgueil asiatique de leurs successeurs ; s'ils daignoient haranguer les soldats qu'ils craignoient, les sénateurs qu'ils méprisoient étoient traités par eux avec un silence insultant. Julien fit de fréquentes harangues dans cette assemblée.

[1] Amm., XXII, 10, Lib., Orat. Par., c. 75, 76, 90, 91. Greg., Naz. Orat., IV, p. 120.

Les fonctions de juge, quelquefois incompatibles avec celles d'un prince, étoient exercées par Julien, non seulement comme un devoir, mais comme un amusement. Souvent on le voyoit siéger à côté des préteurs. Il montroit toute la pénétration de son esprit, en déjouant les subtilités et les chicanes des avocats; mais parfois il oublioit la gravité de son rang, faisoit des questions indiscrètes ou intempestives, et trahissoit, par l'éclat de sa voix et l'agitation de sa personne, la véhémence avec laquelle il soutenoit son opinion. Au reste, il distinguoit soigneusement le juge du législateur [1]; quoiqu'il méditât une réforme

[1] Les Codes Théodosien et Justinien renferment cinquante-quatre des lois que Julien a publiées dans un règne de seize mois. L'abbé de la Blèterie (T. II, p. 329) a choisi une de ces lois pour donner une

devenue nécessaire dans la jurisprudence romaine, il jugeoit selon l'interprétation stricte et littérale des lois existantes. Enfin, quels qu'aient pu être les défauts de ce prince, il avoit tant de belles qualités que les factions, même les factions religieuses, ont été obligées de reconnoître la supériorité de son génie en paix comme en guerre. Il a fallu convenir que Julien l'Apostat aimoit réellement son pays, et méritoit l'empire du monde.

idée de la latinité de Julien, qui est soigneusement travaillée, mais moins pure que le style de ses productions grecques.

[2] Perfidus ille Deo, sed non et perfidus orbi. Prudence, apothéose, p. 450.

TABLE

DES CHAPITRES.

CHAP. XXI. *Persécution de l'hérésie. Schisme des Donatistes. Arianisme. Saint-Athanase. État malheureux de l'Église et de l'Empire sous Constantin et ses fils.* page 5

CHAP. XXII. *Julien est déclaré empereur par les légions de la Gaule. Ses succès. Mort de Constance. Administration civile de Julien.* 110

Fin de la Table des Chapitres.

BIBLIOTHEQUE NATIONALE
Désinfection 1984

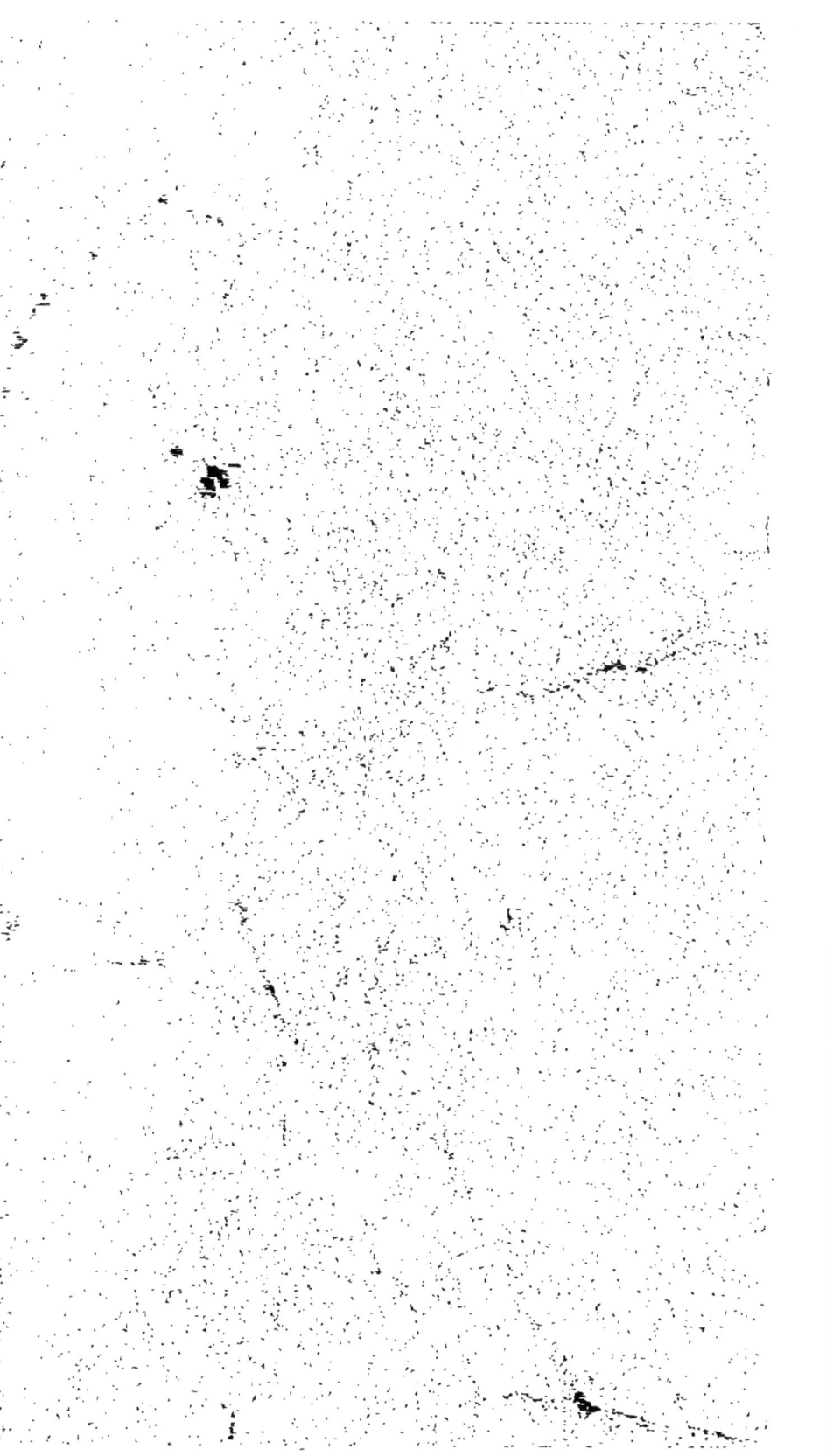

CONTENU

DES VOLUMES DE CET OUVRAGE.

Vol. I. — XVIII. Histoire de la Grèce jusqu'à sa soumission par les Romains, d'après *Mitford*, *Eichstaedt*, *Gillies*, *Gast* et *Mannert*.

Vol. XIX. — XXX. Histoire de la république romaine, d'après *Ferguson* et *Beck*, suivie de la description de Rome ancienne, par *F. Schoell* et du tableau des familles romaines, d'après *Ruperti*.

Vol. XXXI et XXXII. Histoire de la décadence des mœurs, des sciences et de la langue des Romains, par *Meiners*.

Vol. XXXIII. — XLVIII. Histoire de la décadence de l'empire romain, par *Gibbon*.

www.ingramcontent.com/pod-product-compliance
Lightning Source LLC
Chambersburg PA
CBHW060514090426
4735CB00011B/2225